お客が食いつく!

アポ取りトーク術

なぜあの人ばかり結果が出せるのか

中島孝志

青春出版社

はじめに——思わず食いつく「アポ取りトーク」！

アポが取れない。アポが取れない。アポが取れない。思わずお客が食いつくような魔法の「アポ取りトーク」はないものか……。

営業マンにとってなにが辛いといって、アポが取れないことほど辛いものはない。アポがなければどこにも行けない。「セールスマンが外に出ないで仕事になるのか！」と何度、怒鳴られたことか。怒鳴られたくなくて、お客のところに行くふりをしては、駅や公園で必死に「アポ取り」をしたことが何回もある。

ノルマが達成できないことより、アポがなくてデスクに貼り付いていることほど惨《みじ》めなものはないのである。

どんなに凄いプレゼン力や説得力を持っていたって、アポがなければ宝の持ち腐れだ。

すべての仕事はアポで決まる。どの人とアポが取れたか、どの会社にアポが取れたかで売上は天地ほども違ってくるのだ。

「商品を売る前に自分を売れ！」という言葉は耳にタコができるほど聞いた。だが、アポ取りではじっくり自分を売っている暇はない。ほんの数十秒でどれだけお客に食い込むかが問われるのだ。

それだけに、営業の仕事の中でもアポ取りがいちばんむずかしいのである。

わたしは元々、企画畑で仕事をしていたものの、上司と次々に対立し、26歳のとき半ば懲罰人事で、直販営業マンとしてビジネス人生の再スタートを切ることになった。

「よし、やってやる！」と背水の陣で臨んだものの、肝心のアポがまったく取れないのだ。周囲の同僚や後輩は山ほどアポが取れるのに、わたしだけが取れなかった。

営業マンが出払ったオフィスで1人、ぽつねんとデスクを温める日が続く。周囲のわたしを見る目は、「無能」の2字。それはそれは冷ややかなまなざしだった。

ここもダメならもう行き場はない……こうなったらデスクを1日温めるのも1週間温めるのも同じこと。

腹をくくって、「アポ取りの研究」をとことんしてみた。お客の心理の動き、できる営業マンたちの観察、なにより勉強になったのは、お客のふりをしていろんな会社の営業マンのアポ取りを実際に見せて（聞かせて）もらったことだ。わたしにアポを取ろうとする切り出し方や間《ま》、トークや呼吸をそっくり真似た。

そうか、こうやればいいのか……アポ取りのコツらしきものをつかんだかな、と思ったときにはすでに6カ月が過ぎていた。

それからは凄かった。嘘のようにアポが取れるのだ。面白いようにお客が食いついてくるではないか。半年前に、けんもほろろの扱いをされた会社のアポがどんどん取れたのだ。

おかげで1カ月で大ブレイク。歴代のセールス記録を塗り替える売上をあげてしまったのだ。2カ月目、3カ月目も勢いは止まるところを知らず、異動して1年たった時には、「全国どこでも好きなだけ営業していいよ」と、1人、テリトリーを超えてセールスできる立場になった。

3年後には、大市場東京を含む東日本地区の責任者に抜擢されると、いきなり前年の3倍の売上をあげてしまうことになる。

これもすべて「アポの壁」をぶち破るコツをつかんだからにほかならない、と確信している。

営業マンの行く手には「アポの壁」が必ず立ちはだかっている。しかも高くて分厚い壁だ。売上をあげるには、この壁をぶち破らなければ実現しない。

わたし自身、かつてアポがまるで取れなくて悩んだダメ営業マンである。人の何倍もアポ取りについて研究してきた。その結果、あらゆるテクニック、コツをつかんで、アポ取りでは誰にも負けなくなったと自負している。経営コンサルタントとなったいまでも、わたしは自分のことを営業マンだと思っている。

わたしは、自分が実践し効果を確認したスキルしか書かない。本書にはわたしのノウハウだけにとどまらず、トップ営業マンである知人、友人のスキルも総動員し、「アポ取り」のイロハから裏技、掟破りのアポ取り法までを網羅した。まさしく、「史上最強のアポ取り本」といってもいい。全国の悩める営業マンのために、熱〜い気持ちでまとめた本なのだ。ぜひ役立ててもらいたい。

二〇〇七年五月

中島孝志

お客が食いつく！　アポ取りトーク術——目次

第1章 お客をその気にさせるアポ取りの極意

第2章 これだけ知ればこわくないアポ取り電話の成功法則

第3章 「アポの壁」をするりと抜ける魔法のトーク術

第4章

トップ営業マンが教える掟破りのアポ取りワザ17

第5章 次から次に成功する「アポ取り王」になる9つの習慣

第6章 取れたアポを活かしきる**初対面の技術**

DTP／ハッシイ

第1章

お客をその気にさせるアポ取りの極意

営業はアポに始まりアポに終わる

営業マンの仕事は汗と涙と創意工夫を売上に変換させることだ。どんなにすばらしい商品でも、営業が弱ければ売れやしない。

この営業の仕事の中で、いちばん大切なのが「アポ取り」である。

会えばわかってもらえる、買ってもらえる、契約してもらえる。しかし、そもそもアポが取れなければ何もはじまらないではないか。どんなにすばらしいプレゼン能力や説得力を持っていようが、お客とアポが取れなければ宝の持ち腐れなのだ。

営業とは、アポが取れてナンボ。プレゼン能力や説得力などたいしたものでなくても、「アポ取り」のうまい営業マンのほうがはるかにいい成績を収めるのである。

わたしが営業マンだったころ、押し出しが弱く、口下手、引っ込み思案という〝三重苦〟ともいうべき先輩がいた。営業など向かないタイプの典型ともいうべき存在だ。

ところが、この先輩が周囲の予想（？）を裏切って、いつも大きな仕事を取ってくるのだ。一例をあげれば、ＪＲが国鉄と言っていた時代、この会社の総裁とのアポ取りに成功して、とんでもないほど大きな売上をあげたことがある。

国鉄といえば、現在のＪＲをすべて統合した会社であり、その規模はトヨタ自動車と新日鐵を足して何倍かするほどのマンモス会社である。その総裁といえば、社長の中の社長と言ってもいいだろう。この社長にアポが取れたのである。

アポが取れたはいいが、問題はせっかく取れたアポがフイになってしまいやしないか……、周囲は心配した。プレゼン能力、説得力、セールストークは推して知るべし。

それでも、商談がうまくいったことはその後の売上で十分に推察できる。

彼の営業マンとしての歴史的勝利の要因がいったいどこにあるのか？　それはプレゼン能力や説得力ではまったくなく、１００％、「アポ取り」にあったことは自他ともに認めるものであった。

巷間、「話し方の技術」が注目されているが、セールスの現場では、そんなものより、だれと会えたか、だれと会ったか、すなわち、「アポ取りの技術」のほうが大きくモノを言うのだ。これが現実なのである。

「アポ取り」の段階で上客を見抜く方法

初対面の人でも、ほんの数分話をするだけで、この人は話がわかるな、この人は堅《かた》物《ぶつ》だな、とある程度わかるものだ。

もちろん、それはアポ取りのために電話したときでも十分伝わってくる。声のイントネーション、言葉遣い、リズム、あるいは息づかい等々で、なんとなくわかるのである。

ところで最初は「なんとなく」であっても、何度もアポ取り、商談、アポ取り、商談と繰り返すうちに、そうか、こういうタイプのお客とアポ取りできれば成約もできるし、売上もあがるんだなと理解できるようになるのだ。すなわち、経験を積み重ねていく中で「なんとなく」だったものが次第に鮮明になってくるのである。センスのある人なら、1カ月もあれば気づくだろう。

さて、「この人はいけるぞ！」という客はアポ取りの段階で、ある程度わかる。そんな〝上客〟の共通点とは次のようなものだ。

①情報収集に対して貪欲である

「それはどういうこと？」「わたしの知合いでも使ってる？」と役に立つ情報を手に入れたいという思いが強い。

②問題解決に対してどん欲である

「それを使えば、どんな効果があるのか？」「それを導入するとどれだけロスが減り、どれだけ利益が上がるのか？」と、いま抱えている問題を解決しようと懸命である。

③物言いがはっきりしている

会う、会わないを一瞬で決めるタイプ。「忙しいから、電話を聞いてる暇がない。あとにしてくれ」とはっきり言う。「セールスならお断り。だけど、その情報は知りたい。買わないけど教えてくれる？」と言う人も少なくない。しかし、こういうタイプこそ実はお客になる確率が高い。

④言葉遣いが上品

乱暴ではなく、マナーや常識を心得ている人のほうがアポ取りはしやすい。当然、せっかく取れたアポが空振りすることはめったにない。

⑤聞く耳を持っている

お客の側にも知識が要求されることは少なくない。投資の話であれば、ただ、お金を殖やしたいというだけでなく、資産運用のカラクリや理屈がある程度わかっていたほうが話が早い。無知なお客を相手にすることほど虚しいものはない。そんなお客に当たったときはすぐに電話を切ることにしていた。

⑥決定権を持っている

たとえば、法人相手の場合なら、なるべく社長にアポを取る。社長がダメなら役員、役員がダメなら部長レベル、部長がダメならせめて課長レベル。生意気なようだけれども、わたしは係長以下が電話に出た場合は、上の人に換わってもらうか、簡単に挨拶するだけで切ってしまうことにしていた。下手に親しくなったらセールスできなくなるからだ。

係長と人脈ができてから、「部長さんに挨拶がしたいんですが」と言ったら、相手の顔を潰しかねないではないか。それに、上場企業でも少なくとも課長以上でなければ決定権を持っていない。決定権のない人といくら交渉しても、いい結果は期待できない。だから、さっさと手を引くことが賢明である。

もちろん、この共通点は法人でも個人でも同じである。たとえ法人であっても、わたしたちは会社と話をするわけではない。相手は社長であったり、部長であったり、課長という血の通った人間なのだ。

だから、こういうタイプの人とアポ取りができれば、99・9％うまくいくといっても過言ではない。

トップ営業マンとダメ営業マンを分けるちょっとした違い

営業はアポが取れた人間の勝ちなのだ。ダメな営業マンはどんなにベテランだろうが、どんなに学歴が高かろうが、どんなに知識が豊富であろうが関係ない。

そう聞いたら、根性だ、努力だと、慌てて電話にかじりついて軒並み電話を入れようとする営業マンもいるかもしれない。

だが、こんなアポ取り法は太平洋の中で一粒の真珠を探すようなもので、非効率きわまりない。よっぽど暇ならやってもいいが、いまどき、下手な鉄砲も数打ちゃ当たる式では話にならない。「こんなことやってるボクってなに?」と途中で自己嫌悪に陥ってしまうのがオチだ。

営業マンの仕事は「縁」をプロデュースすることだ。具体的にいえば、商品とお客との縁結び、あなたという営業マンとお客との縁作りをする。

　では、いったいだれとだったら縁が作りやすいか、どんなお客にどんな商品をぶつければ縁ができやすいか、あなたの想像力を120％引っ張り出してイメージすることからはじめてもらいたい。

　イメージを湧かせることに成功すれば、ありふれたつまらない顧客リストだって、宝の山に見えてくるはずだ。

「このお客にはこんなアポ取りをしよう」と浮かんでくるはずだ（方法については第3章、第4章で詳述する）。

　トップ営業マンとダメな営業マンとの違いなど、ほんの些細な違いしかない。すなわち、トップ営業マンは成約しやすいお客、注文してくれるお客を捕まえることができる一方、ダメな営業マンは成約してくれないお客、注文してくれないお客に捕まってしまっているだけなのだ。

　この違いがトップとビリとを分けるのである。言い換えれば、アポ取りの段階でトップになる営業マンとビリになる営業マンとに分かれている、と言ってもいいかもしれない。

　わたしの営業マン時代にも、こんなに長く営業という仕事をしていて、よくこれだけ成績が悪いもんだと、ある意味、感心する人が何人もいた。よく見ると、こういうタイプはアポ取りの段階でミスっているのである。「最初のボタンを掛け違えると最後のボタンは掛けられない」と言ったのはゲーテだけれども、まるでダメ営業マンを叱責するためにあるような言葉だ。

たとえば、こういうダメ営業マンはアポが取りやすいからといって平社員とばかり会っている。

スケジュールをチェックすると、同じ会社に1週間のうちに何回も訪問している。別に何回行ったってかまわない。上得意先なら朝昼晩と1日3回訪問したっていいくらいだ。しかし、この営業マンは何回商談しても成約できない。当たり前だ。相手は決定権のない平社員なのだ。それほど重要なポジションじゃないからいつもオフィスにいる。たしかに、アポは取りやすい。しかし、成約は彼が出世するまで永遠にやってこない。

平社員と100回会うくらいなら、社長1回、部長5回とのアポ取りのほうがはるかに効果があるだろう。

ダメ営業マンはアポさえあれば仕事をしている……つもりになっているのだ。とうてい契約が取れそうにない人とのアポでも、スケジュールがいっぱいになっていれば一安心なのである。こんな無駄はないと思う。

「でも、こんな商品のセールスで一流会社の社長さん相手にアポなんか取れませんよ」と言う人がいるかもしれないが、そんなことはない。わたしがセールスしていたのは1冊1000円前後の自己啓発本である。こんな商品でも、平気で一部上場企業の社長相手にアポを取っていたのだ。

どんな商品だろうと、社長相手に商談して悪いことはない。営業マンの世界には、「商品を売る前に自分を売れ！」という言葉がある。商品に自信がないなら、あなた自身を高く売ればいいではないか。

もう一度言う、アポが取れるならだれだっていいわけではない。決定権を持つ人、具体的に言えば、契約できる人、注文を出せる人とのアポでなければ話にならないのである。

アポが取りやすいトークの秘密

では、アポ取りするときに、どんなトークでもＯＫかといえば、もちろん、そんなことはない。

アポが取りやすいトークもあれば、取りにくいトークもあるのだ。詳しくは後章でたっぷり伝授したいと思うが、トーク１つにもコツがあるのでしっかりチェックしておきたい。

わたしは営業マン時代、教育資材をセールスしていた。平たく言えば、自己啓発用の書籍とかビデオ等々を販売していたのだ。お客は個人でも法人でもかまわない。しかし、法人のほうが大量に販売できるので、従業員数１０００人以上の法人を相手にセールスを繰り広げることにした。

この時、たとえば、こんなトークをする。

悪い例

「○○という教育資材がございます。ぜひご説明にあがりたいのでお時間をとって頂けませんでしょうか？」

「ふ〜ん。セールスね。いま、間に合ってるからいいよ」

なんとしてもアポを取ろうと思っても、「な〜んだ、セールスか。あんたのノルマを達成するのに、この忙しい中、つき合ってられないよ」と拒絶されるのがオチ。アポ取りでは、こんな自分寄り、営業マン寄りのトークなど絶対にしてはいけないのである。

では、どうすればいいかといえば、相手寄り、お客寄りのトークをするのだ。

改善例

「○○という教育資材がございます。○○社（ライバル社）や○○社（関係会社）でもすでに導入して頂いているんですが、ご存じでしたか？」

「いや、知らない。初耳」

「それは申し訳ございません。ご案内していないのは当方のミスです。今週、お近くの○○社に伺う予定なんですが、○○日の午後とかお時間はございませんか?」

「午後3時からなら空いてるね」

「それでは、○月○日午後3時に、わたくし○○がご案内に伺います」


こんな具合にアポを取ってしまうのだ。大切なことは、相手が関心を示したからといって、調子に乗ってこの商品はああでこうでと詳細に説明してはいけない、ということ。

アポ取りでいちばん大切なことは〝アポを取る〟ことであって、〝商品を売る〟ことではないのだ。この点を勘違いしやすいからぜひ留意しておこう。「ひょっとして売れるかも」なんてスケベ心を出したが最後、アポ取りがフイになってしまっては元も子もない。

キーパーソンの名前を簡単に知る裏ワザ

電話さえすればアポはいつでも取れる、なんてことは100%ありえない。高いか低いかは別にして、アポ取りには「壁」があるのだ。壁とは阻害要因とか障害物と呼ばれるものである。この、目の前に立ちはだかっている「アポの壁」を越えないかぎり、アポは取れないのである。

どんな壁があって、どうやってこの壁を乗り越えるかについては次章でたっぷりご紹介するとして、ここでは、わたしのケースの中から一例をご紹介しておきたいと思う。

わたしは法人営業マンの仕事が長かったけど、この時、よく使っていたのは『会社職員録』（ダイヤモンド社）、『会社四季報』『中小企業情報』（ともに東洋経済新報社）だった。なんのために使っていたかというと、もちろん、アポ取りのためのリストとして活用していたわけだ。

読者の中には『日本紳士録』（交詢社）を活用されている方も少なくないだろう。

ついでに言っておくと、別に会社職員録などなくてもかまわないのだ。というのも、社長にアポが取りたければ、「社長様、いらっしゃいますか？」でいいわけだし、部長ならば、「人事部長様、お願いします」と言えばいいからだ。


「人事部長様、お願いします」

「山田ですか？」

「（人事部長は山田さんというのか）はい、そうです」

「しばらくお待ちください」

「はい、山田ですが」

「山田部長様ですか？　電話で失礼します」


このくらいは常識の範囲だろう。しかし、中には秘書がしっかりガードしているケースも少なくない。社長や役員相手ともなると「アポの壁」は高いと覚悟しなければならない。

面白いほどアポが取れる中島式トーク術

しかし、どんなにきつい「アポの壁」でも、創意工夫で乗り越えられないわけがない。ちょっとシミュレーションしてみよう。


「人事部長様、お願いします」

「山田ですか？」

「はい、そうです」

「どちら様ですか？」

「はい、○○商事の○○と申します」

「失礼ですが、どのようなご用向きでいらっしゃいますか？」

ここからが問題だ。営業マンならこんなケースは山ほど経験してきているはずだ。さて、どのように展開すればいいのだろうか?

「わたしどもでは画期的な教育資材を開発しまして、いま、各社にご案内しているところです。ぜひ、御社にもご案内したく……」

「パンフレットの類はあるんですか?」

「ございます。しかし実際にご面談の上ご説明したほうがよろしいかと……」

「ならば、まず先にパンフレットをお送りください。必要ならば、後日、当方からご連絡します」

こんな風に体よくあしらわれてしまったら終わりである。

「アポの壁」をうまく乗りこえるには、大きく分けて2つの方法がある。

1つは、「ひたすらお願い型」というタイプである。このタイプの場合、次のような展開になる。

「ぜひとも、ご面談をお願いします。5分で結構です。この教材は山田部長さんにこそご紹介しなければならないものなんです。必ず御社の社員教育にお役立ていただけます。早朝でも夜遅くでもかまいません。わたしのスケジュールはすべて調整しますので、なんとかお願いします！」

「アポの壁」のツラいところは、山田部長ではなく秘書レベルで拒絶されてしまう危険があるところだ。どうして最終判断できない人間にアポ取りの成否を委ねられてしまうのか、と義憤にかられるかもしれないが、これはしょうがない。〝敵〟は、できれば断りたいと考えているのである。「断るのが仕事」と思っていると考えてもいい。

だが、相手も人間だから琴線に触れる言葉には弱い。とくにバカ丁寧で正直に真正面からお願いされると意外と弱いのである。「それでは急ですが、たまたま明日の朝一番が空きました。来られますか？」と壁を低くしてくれたりするのだ。

しかし、わたしはこの手のアポ取りは一切しなかった。5分でいいですから？――たった5分でどんな話ができるというのか！　お忙しいところすみません？――こっちだって忙しいんだ！　お願いします？――だれがお願いなどするものか！……と、まぁこんな気持ちが強かったのである。

当然、腰を折ってアポをお願いすることなどできなかった。どちらがいいか悪いかではなく、これは営業に対する考え方のちがいだと思う。

そこで、どうしたか？

「ひたすらお願い型」が秘書（アポの壁）の琴線に触れるアポ取り法ならば、わたしの場合は「壁抜け型」とでも言おうか、自然に、するりとアポの壁を抜けてしまう。気づいてみたらアポが取れていたという方法だ。

実際にわたしが使っていた手法を紹介しよう。

「このたび、社員教育用の教材を開発いたしました。いま、○○社さん（同業他社）＊1をはじめとして、各社の教育責任者の方に高く評価していただいてますが、御社の山田様にもぜひご覧頂いて忌憚のないご意見をいただければと考えております」

「パンフレットの類はあるんですか？」

「ございません。＊2各社の教育責任者の方も、実物を研究して自社の教育に導入できるかどうかをその場でご判断いただいております。ただ、○○社の○○さん＊3もおっしゃってましたが、○○メーカー[*4]にはかなり使える内容だと高く評価していただくことができました」

「そうですか」

「御社だけご案内が抜けているようではもったいないというか、不公平だと思うんですね。[*5]ぜひ山田様にも直接この情報をお伝えしたいと考えております。今週か来週で、[*6]1時間、あるいは30分[*7]ほどお時間を頂戴できれば幸いなんですが……」

「少々お待ちください。いま、確認しますので……」

ここまでくればアポ取りは100％大丈夫。こんなアポ取りトークがすんなり出てくれば、たいていの「アポの壁」は越えられるはずである。わたしはこの方法で99・9％のアポ取りに成功している。

数字を付けている各ポイントについては、次ページ以降で解説する。

「会ってみたい」と思わせるトークの仕掛け

さて、先ほどの例でポイントごとに数字を振ったので、簡単にアポ取りトークの種明かしをしてみたいと思う。

＊1　同業他社の名前を出す

会社というのは面白いもので、たとえライバル会社であろうと、業界内のつきあいは盛んなのである。たとえば、人事部なら人事部同士、品質管理部なら品質管理部同士で業界内で会合を開いたりしているのである。当然、そこでは互いに情報交換が行われている。

となれば、ライバル社が導入しているのにわが社はだれも知らない……では困るのだ。バスに乗り遅れると感じるのだろう。「ぜひ教えて欲しい」と向こうから言い出すはずである。だから、トークの中に同業他社の名前をそれとなく織り込んでおく。これがボディブローのように効いてくる。

＊2　資料やパンフレットは郵送するものではない

「パンフレットはありますか？」という問い合わせは、言い換えれば、営業マンは来なくていいよ、という意味なのだ。「パンフレット？　あります、あります。すぐに送ります」と答えるようでは永遠にノルマは達成できない。

住宅業界でトップセールスを記録する営業マンなど、「資料送ってください」と言われたら、2時間後にはその人のマンションを訪問している人間もいるのだ。このくらいでなければ、とてもとても営業なんて仕事はできない。


「資料、持ってまいりましたぁ」

「えっ、郵送でよかったのに（迷惑している様子）」

「いえ、ご住所を聞いたら近くでしたので、持参しました」

「（しょうがないわねぇ）はい、少々お待ちください」とドアを開ける。すぐに名刺を渡し、ここからセールストークがはじまるのである。

わたしも、パンフ、資料を求められても郵送などしなかった。会ってから渡すことはあっても、会う前にはけっして渡してはならない。なぜなら、「アポの壁」になるばかりか、パンフレットや資料を見るだけで内容がわかった、と簡単に判断されてしまいかねないからである。

営業マンがなんのためにいるのか？　パンフや資料では説明できないから存在しているのではないか？　絶対に渡してはならないのである。

＊3　個人名を出す

人は知り合いの名前を聞くと安心するものである。中には、「あぁ、彼なら知ってるよ」という返事があるかもしれない。こうなれば、ほとんど成約は確実といってもいい。

なぜか？　まず安心感が湧くからだ。安心感は信頼感と等しいから、なおさらいい。さらに、その知り合いに導入効果や活用法を聞くはずである。これがまたいい。「あれ？　まったく使い物にならなかったよ」とは口が裂けても言わない。自分の不明を恥じることになるからだ。どんなに気にくわなくとも、「そこそこ使えるよ」と言うしかない。まして、気に入ってくれれば応援団に早替わりだ。どちらに転んでも知り合いに確認してもらうことは有利なのである。

＊4 仕事に使えるという情報をアピールする

○○メーカーというのは、アポ取り先が自動車メーカーなら自動車メーカーであり、電気メーカーなら電気メーカーと言えばいい。つまり、この業種にはとくにお勧めですよ、ということを第三者が述べている、ということがセールスの強みになるわけである。

＊5「アポを取らないと損ですよ」とにじませる

「案内ミスはもったいないし、不公平」という意味は、裏を返せば、秘書であるあなたが拒絶すると、もったいないし、部長は不公平な目に遭遇しなければならないんですよ、というメッセージなのである。言葉は悪いけれども、責任を取りたくなければ「アポの壁」を低くしなければダメですよ、と軽く脅迫しているようなものである。

＊6　アポ取りは2週間単位で行う

これはわたしの主義なのだが、毎週月曜日はアポ取りの日と決めていた。だから、集中的に電話をするのだ。なぜ月曜日がベストなのかという理由は後章でたっぷりと説明させていただくとして、まずは２週間を１単位としてスケジューリングすることをぜひお勧めしたい。

ビジネスパーソンは多忙である。多忙だからビジネスパーソンというのだ。まして、役職者になればなるほど会議や出張等々で１人何役もの仕事をしなければならない。となれば、「今週はいかがですか？」と聞いても、もうふさがっている確率が高いのである。

なるべく相手には「ノー」という言葉を使わせたくない。だから、２週間という余裕を持たせて選択させるのである。

「来週の木曜日ならなんとかなるかもしれません」

「ちょうどいいですね。わたしも運良く空いてます（本当はがら空きなのだが）」

この調子でどんどんアポを取ってしまう。

＊7「1時間、あるいは30分」という質問で相手の重要度を探る

アポ取りトークにはすべて意味があるのだ。この例でもほんとうは1文1文にすべて意味があるのだが、紙幅の都合上、細かな解説は割愛する。この1時間、30分というトークには実はこんな意味が込められているのだ。

「では、1時から2時までの時間でお願いします」という返事ならば、これはたっぷり時間を取ってもらえた。つまり、あなたの依頼は優先順位が高いと相手は判断したことを意味する。もちろん、たんにそれだけの時間が空いていたのかもしれない。しかし、そうだったとしても1時間もらえることは大きい。

「では、30分でお願いできますか？」と言われたら、このボスは平素から忙しいのだろう。社内でもかなりの重要ポストを占めているんだな、とわかる。挨拶したら、即、用件に入らないと30分などあっという間に過ぎてしまう。そんな短い時間である。

こんなやりとり1つからでも相手に対する情報が取れるのだ。ぼんやり聞いていてはいけないのだ。

確実に仕留める一撃必殺の「紹介法」

アポ取りのほとんどのケースでは、会いたい人に直接電話してアポを取ろうとする。ところが、中には二段構えのアポ取り法があるのである。つまり、AさんとBさんがいて、Bさんにアポを取るためにまずはAさんにアポを取るという方法だ。まどろっこしいけれども、このほうが効率的な場合もある。

アポ取りはほとんどの場合、一発勝負である。つまり、Bさんにアポを取ろうと電話して断られたら最後、リベンジはなかなかできないのである。それだけに、失敗は許されない。一発で仕留めなければならないのだ。そのために、アポ取りの確率を少しでも高める。それが二段構えのアポ取り法なのである。

たとえば、紹介法（後章で裏技を紹介する）などはこの典型的なケースである。

「○○社のBさんを紹介してもらいたいんですが……」
「紹介してもいいけれども、用件はなんだね？」
「わが社の新商品をぜひご紹介したいんです」
「あぁ、あの商品ね。いいかもしれないな。よし、紹介してあげよう」

この場合の人間関係は、営業マンとAさんは旧知の間柄であること。そして、AさんとBさんも旧知の間柄であること。

そこで、営業マンはAさんにBさんの紹介を依頼した、ということである。すなわち、営業マンはAさんとBさんが仲がいいことを事前に把握していたことになる。

営業という仕事をするなら、世の中の人間関係まで知っておいたほうがいい。正確に言うならば、だれとだれがどうつながっているのか、その人脈関係をよく飲み込んでいなければトップ営業マンにはなれないのだ。

面白いことに、トップ営業マンはすべて、紹介セールスでアポ取りに成功しているはずである。「友達の輪＝お客の輪」を広げることが、スムーズなアポ取りにつながっているのである。

アポなしでもすんなり通してもらうとっておきの方法

中にはこんな二段構えのアポ取り法など必要もなく、いつでもアポが取れる。いや、アポなし訪問すらできる営業マンも少なくない。

営業マン時代、都内中央区の電器屋さんを訪問した時のことだ。

どうして、この店を訪問したかというと、この店主はわたしが扱っていた商品のユーザーだったからである。もし商品が気に入ってくれているなら、だれか新しいお客を紹介してもらおうと考えたからである。

1時間ほどいろんな話をしたあと、思い切って、「だれかお客さんを紹介してくれませんか?」と頼んでみた。どうせダメかもしれないが、聞くだけ聞いてみようと考えたのだ。

すると、意に反して(?)「いいよ。じゃ、行こうか」と腰を浮かすではないか。

あわてついて行くと、二、三軒隣りのビルに入っていくのである。ここは銀座中央通りに面した自社ビルで、見れば、超大手企業の名前が書いてある。テレビＣＭの常連だから、だれもが知っている会社である。

当然、受付に２人の女性社員が座っていた。

「社長、いる？」

「はい、在社しております」

こう言うや、受付嬢の１人がエレベーターまで案内するのである。完璧なアポなし訪問。社長室の前まで行くと、今度は秘書が待ちかまえていて、驚いたような顔をして飛び出てきた。

「あっ、どうも。いま、来客中でして、こちらでしばらくお待ちいただけますか？」

「おおっ、いいよ。突然だからな。ゆっくりやってくれ」

たぶん、わたしがよっぽど不思議な顔をしていたからだと思うが、この店主がこんなことを言うのだ。

「電器屋のオヤジがこんな大企業の社長を知っているのがそんなに不思議か？」

「いいえ、とんでもない」

「おまえ、嘘へただな。同じ町内会なんだよ、ここの社長とはね。だから、よく会合で会うんだ。それに俺、会長だからさ」

なるほど、そういうわけか……。だから、受付も秘書も顔見知りなのだ。アポなどいらないほど親しいのだ。その後、この大企業の社長を紹介してもらい、しっかり商売させてもらったことは言うまでもない。

もしもこの時、わたしが紹介して欲しいと言わなかったらどうだったろうか？100％、この大企業の社長がわたしのお客になることはなかったはずである。また、この店主との面談のあとにほかのアポを入れていたらどうなっただろうか？　泣く泣く、断らざるを得なかっただろう。

「明日、紹介してください」と言っても、その明日があるかどうか。こういう紹介セールスというのは、勢いやノリがものすごく大きいのだ。だから、この時も訪問先をひと言も告げずに連れて行ってくれたのだ。

こういう「水戸黄門の印籠」のように、だれもが、ははぁ、どうぞ、どうぞ、と受け容れてくれる紹介者を持っているとアポ取りはホントに楽である。

〝顔パス〟の人物を見つけ出せ！

人間関係の面白いところは、この店主と大企業の社長のような関係がよくあることだということではなかろうか。

人脈というのはどこでどうつながっているかわからない。この人はこのクラスの人たちと知り合いだろう、この人にはこんな種類の人たちしか人脈はないだろう、などと考えること自体、とても僭越《せんえつ》なことなのである。

「どうして知ってるの？」「どうしてアポなし訪問ができるほど親しいの？」という関係はよくあるのだ。そこが人間関係の妙味なのである。

わたし自身、26歳から経営者、ビジネスパーソンを集めて勉強会を主宰してきた。いまだにこの勉強会は続いている。

この会に講師として招いた経営者は３００人以上いる。この経営者たちとはいまでも、アポなしに訪問できる。近くまで行けば、社長室にぶらりと寄ったりする。いなければ帰ればいいだけのこと。

さて、この一件があってから、わたしはセールス中に「水戸黄門の印籠」のような〝顔パス〟の人物を探すことにした。たとえば、こんな具合にである。

「○○さん、上場企業の社長クラスでいつでも紹介できるほど親しい人いませんか?」

ものすごく直接的な言い方だが、このほうがストレートで伝わりやすい。

「何人かいるけど、どうするつもり? 売り込み?」

「いえ、営業の仕事はどうでもいいんです。上場企業の社長にまでなる人って、どんな顔をして、どんな話し方をするか、どんなレスポンスをするか、興味があるんですよ」

「な〜るほどね。人間ウォッチングというわけか。なら、紹介してあげようか?」

「ぜひ、お願いします」

どうしてこの人がわたしに大切な人脈を紹介する気になったかというと、これは彼自身のメリットでもあるからだ。

1つは、わたしへの義理（いつも勉強会でいろんな経営者を紹介しているから）。2つ目は、わたしがユニークな活動をしていたので、こんな（若手）営業マンもいることを紹介先の人間に知らせておきたい、と考えたこと。3つ目は、わたしがその経営者をどう評価するだろうか、という彼自身の興味である。

こういう紹介さえあれば、秘書という「アポの壁」などするりと抜けられる。

間違っても、当たって砕けろ式でいたずらに真正面からアポ取りをして苦労するものではない。苦労はしてはいけない。創意工夫という苦心をするものなのだ。

ならば、全智全霊をかけて、すんなり、するりとアポ取りができる仕掛けを考えてみることだ。

次章では、「アポの壁」を乗り越える方法を具体的に伝授しようと思う。ぜひ、トライしてみてほしい。

第2章

これだけ知ればこわくない
アポ取り電話の成功法則

こんなアポ取り電話は嫌われる！

どうすれば確実に「アポの壁」を乗り越えられるのだろうか？

それはひとえに、「アポの壁」を研究することにある。どんなアポ取りだったらお客にすんなり受け容れてもらえるのか、逆にこんなアポ取りだったら絶対に断られるという違いをつかんでおくのだ。

「百発百中のアポ取り」ができるかどうかはここで決まる。

世界中の戦略家が参考にした『孫子の兵法』には、次のように記されている。

「彼を知り己を知れば、百戦して殆《あやう》からず。彼を知らずして己を知れば、一勝一負し、彼を知らず己を知らざれば、戦うごとに必ず殆し」――謀攻篇これはアポ取りにもそっくり当てはまる。

お客の気持ちをよくわかって、それに合わせてスキルを磨けば百発百中のアポ取りができる。お客の気持ちを知らず、自分のやり方だけを押しつければ、アポ取りの確率は50％にしかならない。

では、いったいお客はどんなアポ取りが嫌いなのか。ここで少し考えてみよう。お客に嫌われる「アポ取り」の共通点とは、次のようなものである。

①見ず知らずの人からの電話
②忙しいときの電話
③意味がわからない電話
④なかなか用件に入らない電話
⑤長電話
⑥関心のない情報、話題を取りあげる
⑦図々しい

⑧押しつけがましい
⑨知識がない
⑩自分だけが正しいと思っている（素人扱い、馬鹿呼ばわりする）
⑪専門用語のオンパレード
⑫こちらの言い分を聞かない
⑬マニュアルを読みあげている
⑭やたらと会いたがる
⑮脅迫、嫌がらせ

ちょっと思い浮かべるだけでも、これだけの種類がある。
⑮の「脅迫、嫌がらせ」などは信じられないかもしれないが、わたしも体験しているし、知人に聞いても意外と多いことがわかった。どんな内容なのかはあとでご紹介しよう。

お客に愛されるアポ取りの法則

では、どうすれば、嫌なアポ取りスタイルから好感の持てるアポ取り法に変換できるのだろうか？

ずばり言えば、「こんなアポ取りは嫌だ！」の裏返しをすればいいのだ。

①知人、友人に間に入ってもらう

見ず知らずの人からのアポ依頼は身構えてしまう。いったいなにを売りつけられるか、とプレッシャーになってしまうからだ。その点、知人、友人が間にいれば、彼らの顔を立てなければならないし、この自分に損害をかけることもないだろう、と安心してアポを入れられる。

「○○さんにご紹介いただき……」という紹介アポの確率が高くなるはずである。ならば、紹介をもらえるような営業を展開することだ（後で詳述する）。

②相手に余裕をもたせる

だれだって忙しいときに電話がかかってくるのは迷惑だ。ぞんざいな対応になってしまうし、「いま忙しいんであとにしてくれる？」と言うしかない。

これを真に受けて、もう二度とアポ取りの電話はできないと深刻に考えることはない。「それでは、あとでまた電話させてください」とひと言残しておけばいい。

もう一度かけ直したりすると、無碍《むげ》に門前払いしたことが負い目になっているのだろうか、「さっきはごめん。ちょっとバタバタしててね。で、なんの用？　アポ？　いつならいいの？」とあっさり決まることも少なくない。

③わかりやすく伝える

いったいなんの話かちんぷんかんぷんというトークをされることがある。いったいどうしてわたしにアポを取る必要があるのか、こちらがつかみきれない。話があさっての方向に行ってるのである。これはナンセンス。時間のムダとしか感じられない。

ならば、どうしてあなたとのアポが必要なのか、どんなメリットがあるのか、わたしと会うことは大事な仕事なのだ、と先方がすんなり理解しやすいようにトークを組み立てる必要がある。

④挨拶が済んだらさっさと用件を切り出す

挨拶が長いアポ取り電話を時々受けることがある。会社の説明だとか、自己紹介だとか、前置きに時間を取りすぎているのだ。予告編ばかり見せられて本編がいっこうに始まらない映画のようなもので、こんなアポ取りはうっとうしいだけである。

挨拶が済んだら、すぐに用件にかかる。このほうがスマートでいい。前置きが長い営業マンは、頭が悪いか商品に自信がないかのいずれかと判断されるだけである。

⑤長電話はしない

長電話も困る。アポ取りができたことに安心したのか、世間話などをはじめる営業マンがいるが、逆効果である。わたしなら、こんな営業マンとは二度と話したくないから、「あっ、ごめん。その日、先約が入ってた。じゃ、またね」と切ってしまう。

アポが取れたらさっさと切る。これが鉄則。

⑥お客の関心のある情報、話題を取りあげる

関心のない話題をいくら投げかけても乗ってくるわけがない。当然、アポ取りもうまくいくわけがない。魚でも餌がなければ食いつかない。アポ取りでも、お客が関心のある話（これを「フック」という）を投げかけなければ効果はない。たとえば、人事部ならば画期的な採用方法とか人材評価システム、財務ならば資産運用や節税システム等々の情報は仕事上、ぜひとも知っておきたいものである。

にもかかわらず、方向違いの提案をいくら熱心にしたところで的外れのあまり、「しつこいヤツだ！」と出入り禁止、電話禁止になるのがオチである。相手に応じたアポ取りをしなければ損だ。

⑦謙虚さを失わない

営業マンに図々しさは必要だ。しかし、それも限度がある。「明日、いかがですか？」「では、明後日は？」と性急にことを進めたがる。アポ取りをしたいのはそっ

ちだろう。ならば、「スケジュールはすべて合わせます」とどうして言わないのか。これも礼儀の1つだと思う。親しき仲にも礼儀あり、親しくなければもっと礼儀あり、ということを忘れてはいけない。

⑧ニーズとウォンツを掘り起こす

「この商品でなければダメなんです。これが最高なんです！」と自社商品に自信を持つのはいいけれども、たとえ最高の商品であろうとお客は買わないのだ。お客が欲しいのは平均点で高い商品（サービス）ではなく、自分のニーズやウォンツに合致するものだけなのである。この点にピンポイントでヒットすればアポ取りは百発百中である。

⑨にわか知識を振りかざさない

お客は自分より無知な営業マンとは話したくない。もちろん、アドバイスなど電話でも聞きたくない。まして、アポなど時間のムダ以外のなにものでもないと考えている。かといって、人事畑ン十年、経理畑ン十年、株式投資ン十年、主婦ン十年というキャリアの持ち主に議論をふっかけても、一夜漬けの知識で太刀打ちできるわけがない。だから、にわか知識を振りかざすような愚は冒さないことだ。

「こんな商品（サービス）を開発したので、吟味していただけませんか？」「きっとお役立ていただけると思います。情報だけお持ちしたいんですが」と謙虚にアプローチしよう。

⑩素人扱いしない

お客を素人扱いしたり、上からの目線で中には馬鹿呼ばわりしたりする営業マンがいる。「そんなことも知らないんですか？」というような営業マンとのアポなどごめんである。ベテランになればなるほど、小山の大将的な営業マンが少なくないから気をつけたい。

⑪お客の言い分をじっくり聞く

「いえ、それは違います。こうでこうでこうなってるんです」

熱心に説得する気持ちはわかるけれども、アポ取りと説得はちがうのだ。いまはアポ取りに１００％神経を集中すべきであって、説明したり、説得したりするときではない。タイミングを間違ってはいけない。

このように、相手の発言にいちいち反論する営業マンがいるが、論破すれば契約してくれるとでも勘違いしているのだろうか。

残念ながら、営業という仕事はディベートというゲームとは違うのだ。なんの根拠や理由がなくても、お客は契約したくなければしないし、取引先だって一方的に換えてしまうのである。

だから、反論しない。お客が間違っていてもそのまま受け容れる。そして、「なるほどおっしゃる意味はよくわかります。（「しかし」という接続詞を使わずに！）○○についてはこういう考え方もあるらしいですよ」と、婉曲《えんきょく》に上手に方向転換するのである。相手を傷つけず、それとなく正しい情報を指南する。このくらいの芸当は身につけたいものだ。

⑫ジャーゴン、社内用語、専門用語を使わない

ジャーゴン（隠語の類）や専門用語、専門家以外わからないような英語を連発する

ことは避けたい。コミュニケーションとは、相手にどれだけ伝わったかですべてが評価されるのである。

かつて、松下幸之助さんがこんなことを言った

「きみら、学歴もあるし、頭もええからむずかしい言葉をよぉ使うな。けど、世の中にはきみらのような人間ばかりではないんや。同じような意味なら、だれでもわかるほうの言葉を使わんとな。でないと、不親切やな」

アポ取りでもこの鉄則は活かせると思う。

⑬マニュアルに依存しない

よく電話の向こうでマニュアルを読み上げている営業マンに遭遇することがある。こちらが言ったことに反応せず、一本調子に勝手なことだけを言うのだ。「あぁ、この人は新人だな」と気づく。

電話というのはお互いに見えないようだが、実はかなりの部分がお見通しなのである。マニュアルなど捨てて、自分の言葉でやりとりしよう。

⑭性急にアポを取らない

なんの用件なのか、いったいなにをセールスしたいのか、どこの会社のだれなのかも認識していないのに、性急に進められるとお客は引いてしまう。一方的にトークをかぶせてくると、これがお客にはプレッシャーと感じられる。プレッシャーと感じると、潜在意識は反発モードに切り替わってしまう。取れるアポも取れなくなるから気をつけたい。

⑮脅かさない、嫌がらせをしない

信じられないかもしれないが、お客を脅かす営業マンもいるのである。会社の体質なのか、営業マン本人の資質なのか、はなはだ不思議だが、わたし自身も経験しているので述べておきたい。

会社勤めをしていたころ、先物取引を扱う金融商社の営業マンからだったが、どこで名前を聞いたのかしきりに電話をしてくるのだ。「日本経済についてご意見を伺いたい」などと言うから5分ほど持論を話すと、「ついては、金の先物投資をぜひお勧めしたい」と本筋に切り換えてきた。当時は金は下落傾向にあっただけでなく、先物取引は金融商品の中でもプロが活躍する世界であって、わたしなどのアマチュアが本業の合間に手を出すような金融商品ではない。そこで、投資するつもりはまったくないと断ると豹変したのである。

「いままでセールスに投じてきた時間のロスをどうしてくれる?」「その分を損失補《ほ》填《てん》しろ！」

こんな電話が何回か続くと、「変な営業マンから電話が入る」と社内でも問題になった。まもなく、総務部からその営業マンの会社に抗議してようやく収まったことがある。

さすがに、こんな営業マンが世の中にいるのかと驚いてしまった。わたしだけではない。わが社の人間も驚いた。たいていのお客は良心的な営業マンとしかつき合ったことがないだろうが、この手の営業マンが跋扈《ばっこ》していたら業界自体の信用にもかかわるはずである。

もちろん、これ以降、先物取引の会社からの電話には一切出ない。アポなどとんでもない。

第3章

「アポの壁」をするりと抜ける魔法のトーク術

1 わたしはこうして「電話恐怖症の壁」を克服した

営業マンが遭遇する「アポの壁」にはいろんなタイプのものがある。いずれをとっても、ひと筋縄では片付かないものばかりである。

そこで、ここでは代表的な「アポの壁」を10種類取りあげた。ベストテンというべきか、ワーストテンというべきか、いったい、どうすればこれらの「アポの壁」を乗り越えられるかを考えてみたいと思う。

営業マンにとって電話は1つの関門だ。

もちろん、電話の巧《うま》い営業マンはそれだけでアポ取りも自由自在。それに周囲の営業マンたちからも頭1つ2つは楽に抜けているはずだ。

わたしはどうだったかというと、残念ながら社内一の電話下手だった。かけるのも下手だったが、受けるのも同じくらい苦手だった。スマートに受け答えしなければ、という完璧主義。自意識過剰の恥ずかしがり屋。電話がかかってきても、ほかの人が出るまで放っておいた。１秒くらいわざと遅れて受話器をとるような高等技術まで駆使する有様。こんなことがしばらく続いたために、上司からこう言われてしまった。

「これからかかってくる電話は、全部おまえが出ろ！」

それ以来、腹をくくって、来る電話、来る電話、覚悟して応対した。もう周囲がどう思うか、言い間違いがあろうがなかろうが、そんなことはかまっていられない。次から次へと受けては応え、応えては受けるの連続。そんなことを何日も繰り返しているうちに、いつの間にか、電話恐怖症から抜け出すことができたのである。

こんな低レベルからスタートしたのだから、わたしのダメ社員ぶりは推して知るべしである。そんなダメ社員でも、少しずつではあるけど徐々に一人前に成長するのが、会社というところの面白さである。

とても１人ではここまで育つことはなかったと思う。チームというか、組織の中で勉強することのメリットはことのほか大きい。電話１つでも、チームで仕事しているからこそ、お手本を間近で観察することができる。「なるほど。挨拶はこんなフレーズを使うと効果がありそうだな」「こんなイントネーションで話すと、相手は心を開いてくれるかも」「秘書との交渉はこうやるのか」とだんだんわかってくる。

この時、この人がお手本だ、と1人に限定することはない。仕事の1つ1つに関してお手本を見つけてもいいのである。もちろん、アポ取りも同様である。いろんな営業マンのアポ取りを勉強して、「いいとこ取り」して自分のスタイルを築けばいいのである。

あなたの周囲にも、新規のお客とのアポ取りがうまい営業マンがいると思う。もし、いたら、これ幸いと弟子入りしてしまおう。「弟子にしてください！」と宣言する必要はない。先輩だろうと、同僚だろうと、後輩だろうと関係ない。「これは！」というスキルを発見したら、そっくり盗んでしまえばいい。

営業マンにとって、役立ちそうなスキルをカンニングすることは誉められこそすれ、叱られる筋合いのものではない。盗めば盗むほど、あなたの能力も開発されるし、会社の業績もアップするのだ。メリットだらけではないか。

2 さけて通れない「信頼の壁」をどうするか？

どんな営業マンでも、はじめてのお客に電話をするときは緊張するものだ。「間に合ってるよ」と門前払いされてしまうんじゃないか？　「いま、忙しいんだよ！」などと、下手をすると罵声まで浴びるんじゃないか、とあれこれ、考えたりする。

うまくアポが取れるだろうか？　電話口での声は暗いなぁ。猜疑心の強そう人だなぁ。変な人に電話しちゃったなぁ……などなど、一瞬で営業マンはいろんなことを考える。この壁をどう越えればいいのか。

いらぬ心配にとらわれたり、こだわったりしているかぎり、そこには新しい映像が浮かぶことはない。営業マンはお客と二人三脚で新しい映像を描いていかなければならない。ネガティブな先入観などは百害あって一利なし。顔も見たことのない人からの電話など、だれだって不安に思うし、不審に感じるのは当たり前だ。

営業マンという仕事をしていれば避けては通れないこと。営業という仕事をひと言で表現すれば、見知らぬ人との出会い＝縁を作ることだ。言い換えれば、見知らぬ人（一見《いちげん》さん）を得意先（常連さん）に育て上げていく仕事なのである。

なんとむずかしい仕事をしているのか、と正直にそう感じる。しかし、営業マンがいなければ、お客は本当に欲しい商品やサービスは永遠に手に入らない。

お客の望むものは、この商品、このサービスを手に入れると、いったいどんなすごい利益や価値が生まれるか、それによってどれだけすごいことができるのか、なのだ。

商品の取り扱いの説明など、そんなものはあとあと。もし、使い方を知りたければ、取扱説明書やパンフレットを見たり、インターネットで検索したりすればわかる。

営業マンは商品やサービスの説明をするためではなく、お客に本当に欲しいメリット（利益、価値）を発見してもらうため、気づいてもらうために活動しているのである。

よく似た仕事？　「コンサルタントそのものだ」とわたしは考えている。

事実、わたしはいま本業の肩書きは経営コンサルタントだけれども（映画や出版のプロデューサーや大学やビジネススクールの講師もやってるが）、仕事の内容は営業マンと心得ている。クライアント（お客）の抱える万《よろず》問題を片付けるための解決策を提案し、解決へと導くまでが仕事だからである。これは営業マンの仕事そのものではなかろうか。

さて、営業マンとコンサルタントのちがいがどこにあるか？ それは会社の経営に対する「貢献度」という言葉で表現できると思う。

貢献度が高ければ、営業マンであっても待遇はコンサルタントである。貢献度が低ければ、たんなる出入り業者に過ぎない。ほかの営業マンに取って代わられてもおかしくない。

どれだけ、お客に貢献するかという一点に固執して仕事をしている限り、相手からはかけがえのない存在としての扱いを受け続けることができる。だから、営業マンという仕事は面白いのである。

3 「秘書の壁」を逆手にとる最強のアポ取り術

古今東西、すべての営業マンがこの「秘書の壁」問題に振り回されてきたことだろう。「本人に断られるなら納得がいくけど、どうして秘書に拒絶されるのか！」と憤慨する気持ちもわからないではない。

わたし自身、大手企業のほとんどの秘書室にアポ取りをした。社長に直接アポ取りをしようにも、必ずこの秘書の壁が目の前にはだかった。

忙しい社長や役員になりかわり、「この営業マンに会わせていいものかどうか」を彼らが判断するわけである。ほとんどは、電話のアポ取りで成否が決まるが、中にはまず秘書にアポを取って面談しそれから、というケースも少なくなかった。こちらはお願いする立場だから、「トップでなければ判断できませんよ」と言いたい気持ちをグッとこらえ、手を換え品を換え提案するわけだ。

「それ、面白いね」となれば、秘書がつないでくれることも多かった。

さて、この時、気をつけなければいけないのは、秘書という仕事は必ずしもアポをつなぐだけではない、ということだ。

「社長、この営業マンの話は聞いたほうがいいですよ」「面白い提案がありますのでぜひ」というように、あらかじめ社長にレクチャーしてくれる秘書も少なくないのである。

つまり、秘書は「アポの壁」ではあるけれども、敵ではなくて味方に引き込んでおかなければならない存在なのだ。この点をきちんと認識しておかないと、「たかが秘書のくせに」とついつい軽んじる態度が見え隠れして、アポ取りがおじゃんになってしまうのだ。

一方、「この人をぜひ味方にしたい」と考えれば、当の社長や役員以上に懸命に交渉してくれるかもしれない。そうすれば、次の展開が大幅に有利になるのである。しかも幸いなことに、秘書は人に会うのが仕事。営業部長や人事部長よりもはるかに会いやすいのである。

たとえば、こんなアポ取りトークで私はこの「秘書の壁」を何回もするりと通り抜けてきた。

「貴社の労務コストを3割下げるシステムを開発しました。社長様、もしくは担当役員の方にプレゼンしたいのですが、その前に、ぜひ秘書室長様にご吟味いただきたいと思いまして、電話させていただきました」

「ほぉ、そうですか。わたしなんかでいいんですか?」

「はい、秘書室長というお立場ならば、わたしのプレゼンを聞いていただければ、どれだけ役に立つのか立たないのか、立つとすれば、どなたにプレゼンすれば最適なのか、全社的な立場からご判断いただけると考えます。ですから、ぜひ、秘書室長様にまずお会いしたいのです」

「きみはユニークだねぇ。秘書に会いたいなんてアポは聞いたことがないね」

「無理ですか?」

「とんでもない。ウェルカムだよ。いつがいいんだい?」

「では候補日をいくつか申し上げます。まず……」

このアポ取りトークは秘書たちにはものすごく心証がいいようで、「百発百中のアポ取りトークの裏技」と言っていいほど効果があった。

考えてみればいい。秘書という仕事は社長の分身であり、右腕なのである。

ところが、社内外での扱いといえば、社長への連絡係かガードマンだ。「あいつがいるから風通しが悪い」「社長にあることないこと吹き込んでいる」と悪口まで言われたりする。それでいて、社長から評価されているかといえば必ずしもそうではない。もっと要領よくしろ、きちんと連絡しろ、あれはできたかこれはどうだと、細かいことから大きなことまで万引き受け業なのだ。

早い話が、あまり恵まれた仕事とはいえないのである。だが、そこにきちんと秘書の本質的な業務を理解し尊重した上で、コスト削減業務のアイデア（営業マンごとに内容は変わる！）について提案したいという話を振られたら、秘書としては気持ちいいではないか。

だから、アポ取りを断られることがなかったのだ、とわたしは理解している。ある意味、営業マンは人間通でなければできない仕事なのだ。

4 「〝ご用件は？〟の壁」には正直さが一番効く

アポ取りの電話をすると、必ずこう聞かれると思う。

「御用向きはなんですか？」

早い話が、いったいなんの用で電話してきたんだ、という質問である。これは当然のことなのだ。

ところが、これについてああだこうだとはっきり答えない営業マンが少なくない。

「挨拶」の一点張りで埒《らち》があかないのだ。

「いえ、ご挨拶に参上したいので時間をいただけませんか？」

「忙しいんで、表敬訪問なら結構です」

「5分でいいんです、なんとかお願いします」

「5分で終わらないでしょ？　5分たったらホントに席を立ちますよ」
「そんなこと言わずに、ぜひ、お願いします。なんとかお願いしますよ」
「用件だけなら電話で十分だと思いますけど」
「やっぱり、ご尊顔を拝さないと……」

こういうセレモニー的な面談につき合うビジネスパーソンはいまの時代、めったにいないと考えたほうがいいだろう。

それに、会えばなんとかなるというほどの凄いプレゼン能力を持っているならばいいが、もし、そうでなければ、かえって無理してアポ取りなどする必要はない。その分、もっと契約してくれそうな、もっと注文をくれそうなお客と会ったほうがいい。

わたしは部下を見ても、わたしのところにセールスしてくる営業マンを見ても、「ご挨拶だけでも」「5分でいいです」「なんとかお願いします」というアポ取りトークの営業マンに優秀な人材は1人としていなかった。

お客というのは、優秀な営業マン、できればトップ営業マンから買いたいと考えるものなのだ。どう考えても、こんなアポ取りをするような営業マンからは買いたくない。つまり、こんなやり方では空振り、ムダ打ちになること必至なのである。

アポ取りの段階で、用件を明確にすればいいのだが、それがなかなかできない。用件を正直に言うとアポを断られてしまう、と錯覚しているだけなのだ。だが、お客は用件を明確にできないのは、インチキ商品を扱っているからだな、と勝手に推測してしまう。こうなると、アポ取りはさらにむずかしくなる。

だれだって売り込みは嫌がる。そんな嫌がることを強制したくない。だから、自然と声が小さくなったり用件を曖昧にしたようなトークになってしまう。しかし、これは逆効果である。どうせ断られるなら、アポ取りの段階ではっきり断られたほうがかえって手間が省けていいではないか。逆にいえば、用件をきっちり伝えて成約率の高いお客をスクリーニング（ふるいわけ）したほうが賢明なのだ。

では、どんなトークを切り出せばいいのか？　アポ取りの鉄則は、商品、サービスを売ることではなく、あくまでアポを取ることだ。ここに留意して話せばいい。

悪い例

「○○という画期的な新商品を開発しました。ぜひ、あなた様にもご紹介したいのでお時間をいただけませんか？」

これでは、直接的過ぎる。「はい、わかりました。売り込みですね。待ってました！」とはたいていならない。

良い例

「○○という新商品のプレゼント・キャンペーン中です。ご存じですか？ 実際に無料サンプル商品でその効果を試していただいております。○○地域の担当を仰せつかりました○○です。○○様にもお持ちしたいんですが、いつ頃でしたらご在宅（在社）でしょうか？」

法人でも個人でも使えるトークである。ポイントはもちろん、「無料サンプル」で「効果をチェック」してもらうために「訪問は決まっている」というノリである。すべてのアポ取りにはこの「ノリ」が大切なのだ。「いいですか？ ダメですか？」と二者択一で迫るから、「ダメ！」という方向にお客は傾いてしまうのだ。はなから訪問することに決まっている。あとはスケジュールを決めるだけ、というノリでアプローチすると面白いようにアポが取れはじめる。

ところで、後者のトークの中にはアポ取りに必要な用件がすべて含まれていることに注意してほしい。「新商品」「キャンペーン（販売強化中ということ）」「営業マンは○○」「スケジュールの確認」である。

さて、悪い例と良い例とのちがいがどこにあるかお気づきだろうか？　そう、営業マンの立場から見ているか、お客の立場から見ているか。営業マンの立ち位置のちがいだ。すなわち、「売る」ではなく「買っていただく」。「紹介」ではなく「試していただく」「吟味、評価していただく」なのだ。

営業マンは絶対に自分の立場、売る立場から考えてはいけない。こうなると、すべてが逆回転してしまうから要注意である。

5 「スケジュールの壁」を軽く乗り越える秘策とは

「明日は都合が悪くて無理だな」

「明後日も先約が入っててダメ」

「週末？　朝から会議が立て続けだよ」

「しょうがないなぁ。来週、も一度電話してくれる？」

こんな風に、あと一歩のところではぐらかされてアポ取りに失敗した経験が、あなたもきっと1回や2回はあると思う。わたしは何回もある。その都度、地団駄を踏む思いである。

来週と言われたから早速、月曜日の朝に連絡したら、また同じことの繰り返しということも少なくない。

どうしてこうなるかというと、アポ取りの時間をピンポイントで指定するからである。

営業マンとしては、なるべく早くセールスしたい。だから、「今日これからではどうですか?」「明日の朝いちばんではいかがでしょうか?」とたたみかけたがる。しかし、こういうアポ取りはしてはいけない。考えてみればわかる。冒頭のやりとりになってしまうからである。

「今日これからはいかがでしょうか?」

「えっ、これから?」

「はい」

「無理無理、いくらなんでも急すぎるよ」

「では、明日の朝いちばんでは?」

「同じだよ」

「では、昼とか?」

「だから、今日、明日は無理ですよ。アポがいっぱいだもの」

「では、明後日は?」

このように相手を追い込んでしまうと、お客の心証はどうなるか？

「どうしてこんなに急いでるんだ？」「そんなに売りたいのかな？」「ならば、負けてくれるかも」と感じる。

さらに勘のいいお客ならこう思うだろう。

「それにしても、この人、ずいぶん時間が空いてるんだなぁ。

ということは、スケジュールがすかすか？

ひょっとして売れない営業マン？

そんな人から買いたくないなぁ……」

わたしは2週間を１つの単位としてアポ取りをしていた。


「今週、来週で時間が取れませんか？」

「ちょっと待って。手帳を見ますからね。ええと、今週だと金曜日の午後4時、来週だと、火曜日の朝9時が空いてるね」

「では、思い立ったら吉日といいますから、今週金曜日でお願いします」

「了解」

こんなふうにスムーズに運ぶのだ。

にもかかわらず、性急に日にちを指定してくる営業マンは少なくない。こちらの予定など聞かず、明日は？　明後日は？　その次は？　こんなに性急に迫られても、お客はプレッシャーを感じることいかばかりかと同情してしまう。

もちろん、「いつでもいいよ」と言われたら、「では、明日の午後1時に伺います」とさっさと決めればいい。しかし、そうでない限りはスケジュール・ゾーンはできるだけ広くとっておくことが賢明である。

6 「不在の壁」を打ち破る〝月曜日の法則〟

「まだ○○社長にアポが取れないのか？」

「何度も電話入れてるんですけど、いつも不在なんです。あの人、忙しいんですね」

このように、部下がアポを取って上司と同行訪問するセールスはよくある。

ところが、何度電話してもなかなかアポが取れないのだ。なぜか？　相手の不在時にばかり電話しているから捕まらないのだ。

社長、役員といったキーパーソンはいつも社長室や役員室にいるとは限らない。もし在社していたとしても、来客や会議でめまぐるしく動いている。部長や課長にしたって同じである。彼らはプレイングマネジャーだから現場を抱えているだけによけい忙しい。

先に、業績がぜんぜんあがらない営業マンの話をしたが、彼がなぜいつも平社員ばかりと会っていたかというと、これはひとえにアポ取りが簡単だからである。成果は二の次にして、スケジュールを埋めることだけを考えればそれでもいいだろう。

だが、営業はスケジュールを黒く塗りつぶすスタンプラリーではない。手帳を真っ黒にしたところで、それが決裁権をもった人物とのアポでなければなんの役にも立たないのである。

つまり、多忙な人物を捕まえるには、彼らが在社し、しかもデスクにいるときを狙わなければならないのである。

では、どうすればそんなタイミングを上手に捕まえられるのだろうか?

統計的に考えれば、いくらでも割り出せるはずである。しかも、簡単にだ。

たとえば、月曜日は経営者、役員、部長レベルのビジネスパーソンは在社している確率が高い。月曜日は1週間のスタートだけに、朝会やミーティング、あるいは会議もたくさんある。役職者は稟議書や旅費精算書などにハンコを押さなければならないからなおさらそうだ。

こんなデータを押えていれば、この○○社長へのアポ取りも月曜日に目星を付けて、朝から何度も電話を入れれば必ず捕まるはずである。

もっと簡単にピンポイントで捕まえるには、秘書や周囲の人間に確認すればいい。

「ぜひお知らせしたいことがあるんですが、いつ頃でしたら、ご在社でしょうか?」
「いま、会議中なんですが、4時半には終わる予定です」
「では、その時分にもう一度、電話します」
「会議のあと、5時から来客があります」
「ご親切にありがとうございます。遅れずにきっかり4時半に電話します」

不在時には必ずいつだったらいるのか、いつ戻るのかを必ずチェックしておきたい。でなければ、せっかくのチャンスを逸してしまう。

そのためにも、ぜひポストイットを活用するといい。「○○さん、午後3時帰社」とか「○○さんに1時半に電話」とポストイットにメモっておく。そして、デスクや電話に貼り付けてもいい。多忙な相手だと出たり入ったりが頻繁だから、ミスるとその日1日は連絡が取れなくなってしまうからぜひ留意してほしい。

なんなら、「恐縮ですが、当方に電話をいただけますでしょうか?」と頼む手もある。まぁ、これはよっぽどのホットニュース（耳よりの話）でなければかえって失礼に当たるけれども、できないわけではない。

また、9時から5時までの就業時間だけをアポ取り時間と考えてはいけない。さすがに、最近は就業後には電話が自動応答に切り替わる会社も少なくない。しかし、中小企業の社長など、従業員が帰ったあとも1人会社に残って仕事を片付けていることは多い。また、わたしの勉強会の経営者などは朝7時にはオフィスに出社している。もちろん、この時間帯はほかのだれも出社していない。そこで、1人、じっくり本を読むのだという。

この時間にアポ取りの電話を入れれば、「じゃ、1時間後でもいいけど？」という回答があるかもしれない。

7 〝見切り・損切り〟で「ムダ打ちの壁」は突き崩せる

株式投資の世界に「見切り千両、損切り万両」という言葉がある。江戸時代の米相場の時代から使われた歴史ある言葉である。

金儲けをするには、これはダメだ、このまま持ち続けたら損が膨らむと判断したら、即、処分する。この見切り、損切りを素早く決断できる人物だけが火傷《やけど》しないで済む、というわけである。

実はアポ取りもまったく同じなのである。たとえば、わたしの場合、アポ取りにかける時間は1件あたり平均3分である。平均だから、10分かけてダメだったお客もいれば、30秒足らずで快諾するお客もいるわけだ。いずれにしても、1時間で20件の電話ができることになる。この時、アポ取り成功率を1割だとすると、件数にして2件。1日8時間フルに電話すれば、16件のアポが取れる計算になる。

ところで、見落としがちだが、アポ取りで大事なことは打率ではなく打点なのだ。すなわち、どれだけ多くのアポが取れたかなのだ。残念ながら、アポ取りが苦手な人は百発百中のアポ取り法（これについては次章で述べる）もなければ、1日100件、1000件電話してやろうという気持ちもない。

考えてみればわかるけれども、実際のアポ取り件数とは「アポのアプローチ数×打率」である。打率が低ければアプローチ数を増やす、アプローチ数が低ければ打率を高める。このどちらか、あるいは両方できた人間がトップ営業マンになれるのだ。

それでは、倍の電話ができたらどうだろうか？　倍＝1時間に40件。1割打者は変わらないとしても4件のアポ。8時間で……32件だ！

もちろん、問題はある。1時間20件から40件にどうやったらできるのか、ということだ。さて、どうすればいいか？　あなたならどうする？

もし、10分もかけてダメだった非効率的なお客に深入りせず、30秒とかせいぜい1分くらいで見切り、損切りができたらどうだろう？　1時間40件どころではない。もしかすると60件くらい電話できるかもしれない。

経験上、アポが決まるときは即、決まる。30秒もあれば十分だ。10分かけてアポすら取れない相手など、セールスに行っても、「検討します」とのらりくらりとかわされて、結局、断られるのがオチなのだ。アポ取り1つさっさと決断できない人がすぐに契約や注文などくれるわけがない。

ところで、いま、シネコンが全国的に隆盛をきわめているけれども、日本でいちばん最初に提案したのは山本マーク豪さんという人である。ワーナー・マイカル・シネマズ（当時）を導入した張本人である。

学生時代、山本さんは新聞勧誘のアルバイトでダントツの成績を収めた。

「その人が購読するかしないか、10秒も話せばわかる。最初の10秒間に全神経を集中させて相手の関心を読みとる。脈がないと思えばすぐに切り上げて次に臨む。すぐに契約してくれる人は引っ越してきたばかりの人、なんらかの理由でいまの新聞を換えたいと思っている人です。最初から新聞なんて読まないという人に売ることはいくら言葉巧みに話しても無理です」

きわめて明快である。まさに見切り千両、損切り万両である。この方法なら、1日50件しか行けなかった勧誘マンでも、少なくとも2倍、うまくいけば3～4倍はトライできる。結果として、ダントツの成果を収めることができるわけである。

8 「〝お金がないから〟の壁」を逆に利用する方法

「買いたいけどねぇ、先立つものがないのよねぇ」

「次年度の予算はもう決まったから無理だね。もっと早く言ってくれればなぁ」

こんなトークでアポが拒絶されることがある。これらは典型的な断りトークだ。

売上アップや経費削減に役立つものなら、即、導入を考えるのが企業である。個人ならばもっと早い。「あっ、これ気に入った。欲しい！」となれば、なにかと理由を付けて注文してしまうはずである。

優先順位は固定しているわけではない。つねに揺らいでいるものなのだ。とすれば、どうすればいいか？

優先順位のトップに来るようにし向ければいいわけである。

たとえば、「翌月から売上が3割アップする提案があります」と電話が来たらどうだろう？

そんなことあるわけないだろうと却下するか、それとも聞くだけ聞いてみるかとなるか。ほとんど、後者だと思う。無碍に断るにはもったいないからだ。情報の価値を秤にかけて損得勘定をする。なんとしても必要であれば借金してでも購入するものである。


「買いたいけどねぇ、先立つものがないのよねぇ」

「現金がなくても購入できますよ」

「そのかわり、利子が高いんでしょ？」

「利子はこちらで持ちますよ」

「へぇ、そんなこととして大丈夫なの？　だったら考えちゃおうかな」

「次年度の予算はもう決まったから無理だね。もっと早く言ってくれればなぁ」

「しかし、このシステムを導入すると、3カ月で元が取れますよ」

「いくらなんでもそんなことはないだろう？」

「いえ、ご同業の○○社さんではすでにご活用されてますよ。みるみる実績をあげてますよ」

「ホント？　じゃ、話だけでも聞かせてよ。しかし、予算は決まっちゃったしなぁ」


会社にせよ、個人にせよ、すべてはコストパフォーマンスで決まるのである。予算、資金、内部留保、貯金などなど、いろいろあると思う。しかし、お金がネックになっているならば、この壁はやはりお金で突き崩せばいいのである。


「新車？　そりゃ、欲しいよ。けど、いま、もう乗ってるしね。貯金もそんなにないし」

「いまお乗りのお車を頭金にしていかがですか？」

「無理、無理。まだ十分、乗れるもの」

「乗れるうちが花なんですよ、車って。下取り価格がつかなくなったら、頭金にもなりませんよ」

「ホント？」

「下取り価格がいちばんお得なのは、○○さん（お客の名前）の場合はいまですよ」

「そうなの？」

「４年から４年半落ちでしょ？　いちばん高値で引き取ってくれますよ。これから半年後にはまたお金がたっぷりかかるんです。車検に定期点検、自賠責保険、重量税とかで軽く20万円はかかります。５年未満の車だと部品やタイヤを交換することもないでしょうからお得です」

「でも、現金がないからな。買うと取得税とか払わなくちゃいけないよね？」

「○○さんは年間何キロくらいお乗りですか？」

「サンデードライバーだから、年に５０００キロくらいだろうね」

「ならば、リース契約はどうですか？　１万キロもお乗りでしたら残価がきつくなりますから購入したほうが得だと思いますけど、５０００キロならリースでしょう」

「リースだと自分のものにならないでしょう」

「なりません。けど、気に入ったらリース期間が終わったら原価で買えばいいじゃありませんか。それに、自分のものにしても10年も20年も乗らないでしょう？　４年をめどに新車に乗り換えるのが、結局、賢いお金の使い方だと思います。車を取得したら、税金が毎年かかってきますものね。リースだとリース会社が負担してくれます」

「なるほどねぇ」

「それになんといっても、リースは損金処理できますから、自営業のためにあるような制度ですよ」

「税金で落ちるってことか。ずいぶん取られてるからな。ここらへんで取り戻すか」


お金があればあったでセールスできるし、なければないでまたセールスできるのである。お客はお金の有無で契約や注文を考えていないのだ。

「まだ乗れる」「乗れるうちが花なんです。いまのうちに手を打っておく。このチャンスを活かさないと損ですよ」というように、お客の話にただ対応するのではなく、「これ、お得です」「使わない手はありません」と得する情報をくり出すことがポイントなのだ。

もし契約してくれなかったとしても、「勉強になった」「この人ならいい方法を考えてくれるだろう」という信頼感が生まれる。これが大きい。というのも、自分が買わなくても知人や友人に紹介してくれるからである。

ところで、あなたはいままで何台、車を乗り換えてきているだろうか？　わたしなど10台である。30年間に10台というと、1台3年という計算になる。車検のたびに乗り換えてきたわけだ。車好きだからしょうがないけれども、考えて欲しいのは、この10台がすべてちがう販社だということである。つまり、営業マンがすべてちがうのである。

これはなにを意味するのか？　売ったら売りっぱなし、ということだ。1人の営業マンがずっとわたしをマークしていたら、10台分をわたしから売り上げたのではなかろうか。わたしの住所、電話番号などは当然わかっている。もし、他社に取られたとしても、ならば、3年たたないうちに取り戻すことだってできたはずだ。こんなに抜けた仕事をしているにもかかわらず、不景気だ、不況だと言っていたら、こんなにぬるい仕事はないと思う。

9 「人脈の壁」には正攻法が一番

アポ取りでいちばん効果があるのは、なんといっても「紹介」である。

知人、友人からの紹介は無碍にはできない。また、よくあることだが取引先からの紹介もこれまた無碍にはできない。

就職活動でも、スポンサーのコネのある学生がいかに有利か、学生諸君は社会の現実を入社前にしみじみと感じているのではなかろうか。広告代理店や商社の中には、〝人質〟としてスポンサーの子弟を優先的に採用する会社もある、と聞く。

人脈は金脈につながるから、これが悪いとは思わない。すべてはコストパフォーマンスで決まるのだ。

わたしも営業マン時代、コネでたくさん仕事をしてきた。

たとえば、当時、勤務していた会社の親会社は巨大電器メーカーである。ということは、預金では銀行と、不動産の取得・開発ではゼネコンと、製造では鉄鋼会社、さらには商社とのつきあいがある。

当然、これらの会社にセールスして歩く。先方もウェルカムである。「税金」や「保険」のつもりでつきあってくれたのだろう。アポ取りはいとも簡単。営業マンとしては拍子抜けするほどだった。まったく苦労がない。ただし、こんな会社だけでクリアできるほどノルマはゆるくないから、これらはまれに訪れるオアシスのようなものと理解していた。

言いたいことは、営業マンの世界では、やはり人脈やコネがものすごく幅を利かせている、ということである。だから、みな、人脈を作るのに必死なのだ。営業に使える人脈活用法についてはわたしなりのスキルがあるが、これは次章に譲る。

営業マンのアポ取りトークを聞くと面白い。なんとか、人脈があるようにお客を錯覚させようと必死なのだ。たとえば、次の方法は某大手情報出版会社の営業マンのケースだが、ほとんどインチキである。営業マンはお客に嘘をついてはならないが、平気で破っているのだからたいしたものである。わたしが言う「掟破りのアポ取り法」

はこんなインチキではないから区別しておいてもらいたい。

「社長さんにお会いしたいのですが」

「アポはございますか？」

「ありませんが、○○からの電話だ、とつないでいただければわかると思います」

受付嬢は秘書につなぐ。秘書も社長の知り合いかも、と思いこむ。それでまんまとアポを取ってしまうのだ。

当日、その会社に訪問すると、いきなり社長から問われる。

「わたしはきみと会ったことがあるの？」

「いいえ、ありません」と正直に吐露すれば救われるが、ここでまた、

「はい、経済団体の新年パーティで名刺交換させていただきました。お忘れかもしれませんが、話が弾んで一度遊びに来いとおっしゃっていただきました」

「あっ、そう。それで今日はなんのご用かな？」

なにも知らないのは社長である。こうやって、口八丁手八丁で担当部署の紹介をもらって商品をセールスしてしまうのだ。めざといというかなんというか……。たぶん、この会社では嘘から出た誠、瓢簞《ひょうたん》から駒を出す営業マンが高く評価されるのだろう。愚直な人間など、やってられない風土なのかもしれない。

しかし、社長がぼんやりせずしっかりしていたらどうするつもりだろうか？

「なんのパーティ？」

「ちょっと忘れましたが、経済団体のパーティでした」

「いつ頃？」

「1月の半ばだったと思います」

このあたりで冷や冷やものなのだ。

「それはおかしいなぁ。1月は欧米に出張していたよ」

「……」

「気持ちはわかるけど、若いんだから正々堂々と当たって砕けたらどうかね。要領よく動くことばかり考えていたらなんの勉強もできないぞ」

あの会社（の営業マン）はダメだな、という烙印を押されてしまうだけだ。営業マンは会社の代表であり、社長の代わりなのだという意味を噛みしめるべきだろう。

さらには、こんなアポ取りがあった。驚いたというよりも笑ってしまった。某ダイヤモンド販売会社の営業ウーマンである。

「孝志さん、いらっしゃいますか？」
「孝志さん？　少々、お待ちください」

こんな言い方をされれば、よっぽど親しい人からの電話だと思い込むはずだ。この錯覚を利用するのだろう。

「はい、換わりましたけど」

「こんにちは（異常にハイテンション）！　わたくし、○○と申しまして、孝志さんの担当をさせていただいております。ぜひ、素敵なダイヤモンドをご案内したくて……」

な〜んだ、売り込みか。苗字で呼んだら一発で拒絶されるから、知人、友人を装ってアプローチするわけだ。な〜るほどねぇ、と感心するやら呆れるやら。何回も何回もアポ取りに失敗して、その挙げ句の果てに編み出したスキルなのだろう。

これまた「掟破りのアポ取り法」としか言いようがない。しかし、こんなアポ取りをしたところで、かえって扱っている商品の底が割れるし、営業マン、営業ウーマンのレベルもわかろうというものだ。

10「自信喪失の壁」に効く特効薬とは

何回も何回もアポ取りに失敗すると、営業マンは2通りに分かれていく。まったく動じないほど精神的にタフになる営業マンと、もう嫌、こんな生活、とばかりにストレスをためこんで、電話をかけるたびに滅入ってしまう営業マンとである。

いちばん怖いのは、「また次もダメだろう、ダメに決まっている。ほら、ダメだったでしょ。やっぱりね」というぐあいに負け癖がついてしまうことだ。

いったん頭の中を初期化して次にトライする習慣がなければ、アポ取りという仕事はツラいだけである。

懲りもせずに何十回、何百回、何千回と、わたしがアポ取りを繰り返すことができたのはほかでもない。「お客さんによくなってもらいたい!」という一念であったと思う。

取引先に信頼していただく。その信頼に応えて頑張る。いい情報やいいアイデアを提案する。純粋にそれだけを考えて働いていたし、いまでも、その気持ちだけでコンサルティングや執筆活動にいそしんでいるつもりである。

こういうタイプはいいが、アポ取りのたびに気が滅入るタイプはどうしたらいいのだろうか？

ストレス解消のためにお酒を飲んだり、映画を観たり、趣味に没頭したり？

いやいや、そうではなく、どっぷりとアポ取りに夢中になってしまうことがベストなのである。良寛和尚《りょうかんおしょう》は、「災難に遭う時節には災難に遭うがよく候《そうろう》、死ぬ時節には死ぬがよく候。これはこれ災難をのがるる妙法にて候」と述べているとおりなのだ。なにも考えずアポ取りに没頭してみる。電話機を腕に巻き付け、トイレに行くときも話さずにアポ取りの電話をしてみるがいい。必ず知恵が湧いてくる。

不思議なことだが、ストレスというのはギリギリのレベルではなく余裕がある時に感じるものなのである。ストレスを感じられたら、まだまだ余裕があるのだ。そして、困れば困るほど創意工夫は湧いてくる。自分で湧かなければ、他人に聞いてもいい。

本書のようなアポ取り情報満載の本や雑誌、あるいはネット情報を参考にしてもいい。

本当に困れば、後輩のスキルも盗もうとも考える。何度も言うとおり、ビジネスパーソンのカンニングは誉められこそすれ非難されることはまったくない。おかげで、古いスキルを捨て、新しいスキルを得ることができるというものだ。

アポ取りがうまくいかないからといって、お酒や映画、趣味に逃げてはだめだ。お酒や映画、趣味を楽しんでいても、これはアポ取りにどう活かせるかと、いつでも「アポ取りモード」に切り換えられるよう、脳のどこかに意識しておくことが大切である。

これだけやれば、アポなど取れないわけがない。

第4章

トップ営業マンが教える掟破りのアポ取りワザ17

1 注意・関心刺激法
——3つのテーマに集中してお客の欲望に火をつけろ

アポ取り法、とひと言で言っても、そこには目に見えるスキル、目に見えないスキルがある。十人十色というように、営業マンの数だけスキルがある。

ここまでわたしのアポ取り法を中心に紹介してきたが、本章では知人、友人のトップ営業マンたちのスキルをできるだけたくさん披露したいと考えている。「これは使える！」「これは参考になる！」というアイデアを1つでも見つけていただければ幸いである。

ものごとにはなんでも順序がある。

アメリカのローランド・ホールが提唱した消費行動「ＡＩＤＭＡの法則」を取り出すまでもなく、お客が契約や発注という具体的な作業に移る前には心理的にいろいろな段階がある。

「あれ、この商品（サービス）、なに？」……**注意の喚起**

「面白いなぁ、これっ！」……**関心**

「欲しいね。あったら便利になるぞぉ」……**欲望**

「もっと研究しよう。そうか、こういう商品なんだな」……**記憶——説明の要求**

「よし、契約だ！」……**行動**

というように、ステップアップするわけである。

この中で、お客が商品（サービス）を欲しいと決定づけられる瞬間は「契約時」ではなく（これはたんなる結果）、「注意、関心」を経て「欲望」へと移る瞬間なのである。つまり、営業マンはこの3つのテーマに集中すれば、あとは実が熟したら自然と落ちるように、契約書を用意して待っていればいいわけだ。

「人事（3つの仕掛け）を尽くして天命（契約や注文）を待つとはそういうことなんですよ」と売れっ子コンサルタントの森本有樹さん（仮名・以下同、35歳）は述べる。

彼のクライアントに対するアポ取りはつねにこの法則を意識したものだ。

悪い例

「このたび新商品が開発されました。ぜひ、ご案内したいのですが……」

良い例

「コストを3割下げられるシステムがあったら見てみたいと思いませんか？」

説明してはいけないのだ。説明などというものは、「記憶」や「行動」のレベルですればいいだけのことだ。

関心のない商品やサービスにはだれも説明など期待しない。注意、関心、欲望にもっと心を注いでやる。「もっと知りたい」とお客の欲望に火がついてはじめて、華麗なる説明を繰り広げればいいのである。それまでは、ひたすら、火をつけることだけを考えるのである。

② じっと我慢の沈黙話法
――口下手な人ほどトップ営業マンになる理由

営業マンの勘違いで多いのは、立て板に水といったトークを連発すれば、すんなりアポが取れると考えてしまうことだ。

アポ取りはそんなに単純なものではない。話術の巧みな営業マンにかぎって、説得、説明にかかろうとするけれども、やればやるほどお客の心は離れてしまうのである。「どうしてこの人はお客の話を聞かないのだろう?」と、かえって引いてしまうのである。

お客の立場になって考えればわかるはずだ。内容を詳細に知りたいならば、営業マンに聞くよりもマニュアルや取り扱い説明書を見ればいいし、ビジュアルで説明してくれるDVDやビデオを見たほうがはるかにわかりやすい。

お客は営業マンにそんなものを求めているわけではない。すべてのお客は問題解決を望んでいるのだ。

もっと売上をあげたい、もっとコストを下げたい、もっと美しくなりたい、もっと痩せたい……問題はたくさんある。まずはお客の話をとことん聞く。中には、お客自身がまだ気づいていない問題や願望もある。これらをとことん聞くことで、どうすればあなたが扱う商品やサービスを通じて解決できるか。その具体的なメニューを提案してもらいたがっているのだ。

営業マンは商品やサービスを売っているのではなく、商品やサービスを通じて解決できるメニューを売っているのだ。商品、サービスは1つしかなくても、当然、このメニューはお客1人1人に合わせた手作りのものとなる。


不思議なことに、トップ営業マンにかぎって話し方が巧い人ではなく、どちらかというと、木訥《ぼくとつ》としたタイプであったり、口数の少ないタイプであったりすることが少なくない。「えっ、この人がトップ営業マン？」と驚いてしまうくらいである。

たとえば、エコ住宅の施工販売会社の岩下克己さん（29歳）は、東北人の典型のような人だ。だが、彼はお客の話を聞く耳を持っている。しかも、その耳はダンボのように大きく、また、聞き上手なのだ。とことん聞くから、お客の要望がどこにあるかがわかる。とことん聞くから、「こうすれば契約するよ」というサインに気づく。

巷間、話し方や話すことに関する参考書が話題になっているけれども、営業マンは話すことより聞くことを学んだほうがいい。営業マンの中にはお客の意見や感想を聞かずに反論してばかりというシーンをよく見かけるが、大切なことは議論に勝つことではなくアポを取ることなのだ。優先順位をしっかり守ってもらいたい。

さて、雄弁な営業マンでも時には沈黙したほうが効果的な場合があることを認識しておこう。どういうことかというと、アポ取りの時にお客との我慢比べになることがあるのだ。

悪い例

「ぜひご案内したいと思います。ご夫婦でお話をできる日がいいですね?」
「……でも、まだ決めてないしぃ」
「ぜひぜひ、お願いします。絶対にお得です。まずはパソコンでご案内します」
「……」

「今回がチャンスなんですよ。5分だけでもいかがですか？　5分なら時間あるでしょ？」

「……5分ねぇ。5分じゃ終わらないんだよねぇ」

「なら、1分でいいです。1分たったら本当に帰りますから」

「バナナの叩き売りじゃないし、1分で決められないよ」

良い例

「ぜひご案内したいと思います。ご夫婦でお話をできる日がいいですね？」

「……でも、まだ決めてないしぃ」

「……」

「あれ？　もしもし、もしもし？」

「……いかがですか？」

「う～ん。じゃ、今度の土曜日でどうかしら？」


営業マンは「間《ま》」の有用性というものをもっと認識したほうがいい。間に我慢できなくなったほうが負けなのだ。

並の営業マンはこの間に我慢できなくてついついたたみかけてしまう。もっと説得しなくちゃ、もっと説明しなくちゃと考えてしまうのだ。結果として、お客のほうに余裕ができてしまう。すると、営業マンの焦りや性急さが鼻につく。こうなると、アポは取れない。

逆に、営業マンのほうが会話に間を空けると、お客は耐えきれなくなってこの切迫した事態をなんとか変えたいと考える。そして、「じゃ、いつにしましょうか?」とアポを入れる気持ちになるのである。

アポ取りでも雄弁は銀、沈黙は金なのだ。

3 あんちょこ法
――カンニングペーパーがあれば怖くない！

お客というのは勝手なもので、たとえ商品やサービスが気に入っても、ダメ営業マンからは買いたくない。できれば、トップ営業マンから買いたいと考える。喩《たと》えはよくないが、男性ならクラブで、女性ならホストクラブでナンバーワンから接待されたいと考えるのと同じ心理である。

さて、では、ダメな営業マンは永遠に浮かび上がらないのかといえば、けっしてそんなことはない。とくにアポ取りではそうだ。

だれだって、模範解答を見ながら試験を受けたら100点満点を取れる（はずだ）。アポ取りでもこの原理を応用するのだ。つまり、身近にいる営業マンのアポ取りスキルをそっくりカンニングしてしまうのだ。お客と顔を合わせていないことをいいことに、カンニングペーパーを見ながらアポ取りをする。これをわたしは「アポ取り脳の交換」と呼んでいる。

ここで問題になるのは、だれの「アポ取り脳」と交換すればいいかだが、もちろん、トップ営業マンのそれと交換したほうがいいに決まっている。まずはそっくりコピーしてしまうことを心がけてもらいたい。

やり方は、1日中、隣のデスクでアポ取り法を観察する。挨拶からアポ取り後のお礼の言葉まで、すべてを観察する。ただ見ているだけでなく、ひと言ひと言をノートにメモる。テープやICレコーダーに録音して文書化する。もちろん、文書化しただけではなかなか頭には入らないから実際に使ってみる。すると、使い勝手がわかってくる。つまり、挨拶なら挨拶の部、導入なら導入部、自己紹介なら自己紹介の部、雑談なら雑談の部というように、各シーンごとに整理するのである。

整理法だが、現実にカンニングしながら電話することを考えれば、「京大カード」がベストだろう。京大カードは紙質も厚いからきちんと記入できる。一通り整理できたら、あなたなりにカードをまとめて1つのシナリオを作ってしまうのだ。このシナリオはあくまでも叩き台だ。実際に電話でアポ取りをしながら、「ここはこうしたほうがいいな」「この言葉は受けたな」と気づいたら、どんどんバージョンアップさせていく。毎日毎日、繰り返し使っているうちに、1カ月後、2カ月後には、他人のアポ取りトークから抜け出て、あなたらしさが加味された独自のアポ取り法が完成しているはずである。

京大カードには専用カードボックスもあるから、カードにまとめ、いつでも使いたいときに引っ張り出して使えばいい。何度も繰り返すうちに、カードなしでも十分、魅力的なアポ取りトークが飛び出るようになる。このあんちょこカードを使うのはそこまでなのだ。

あんちょこ法は、ぜひ、会社、部門、チームという単位で取り組んでもらいたい。そもそも、営業マンのスキルを個人技にせず、みなでシェアする。スキルは独占せずに公開すべきである。

情報共有化、すなわち、真のナレッジマネジメントができれば、会社、部門、チームとしての能力の底上げができる。

4 リスト法

――アポ取りの強い味方を最大限に活用する

アポ取りのみならず、営業マンにとっていちばん大切な資料は「リスト」ではなかろうか。リストとは、お客の住所、電話、メール等々が記された資料である。リストがなければアポ取りもできない。適当にダイヤルをプッシュして、「あなただれですか?」とセールスするわけにはいかない。

マイクロモーター分野で世界一の会社経営者も、営業マンに「全国工場通覧」というリストを渡してセールスさせたという。彼のユニークな点は、アイウエオ順に軒並み、訪問させたことだ。

なぜそうしたのか? この会社はいまでこそトップシェアだが、スタート時は後発だった。モーターが使われている会社や工場にはすでに大手メーカーが入り込んでいるために売り込む余地がない。必然的に「こんな工場はモーターなんて使わないだろう」というところしか売り先がなかったのである。そこで、アイウエオ順に片っ端から訪問したわけである。もちろん、「うちがモーターなんて使ってるわけがないだろう！」と怒鳴られることも少なくなかった。

ところが、中にはまぐれ当たりが起きるのである。ある陶器工場を訪ねると、新商品を開発していてそれにモーターを使うことになりそうだ、という情報を手に入れる。それがＴＯＴＯのウォシュレットだった。おかげで、その分野では９割ものシェアを握ることになる。

営業マン時代、わたしは『会社職員録』『会社四季報』『中小企業情報』などを〝愛読書〟にしていた。当時はいまほど個人情報保護に関してうるさくなかったから、これらの〝愛読書〟には企業名、役職者名、現住所、電話番号、趣味まで掲載されていた。いまどき、ここまで掲載されているのは『紳士録』しかないだろう。

リストのメリットは、会社名や電話番号、社長名がわかることだ。これだけわかるだけでもアポ取りには役に立つ。どんな会社だろうが、社長は１人しかいない。代表電話にかけて、「社長様、お願いします」と言えば、「○○ですね」と名前を教えてくれる。次回から、「○○社長様、お願いします」と切り出せばいい。

情報商社に勤務するトップ営業マンの後藤昌男さん（36歳）は、自分専用のリストを作っている。

マイクロソフトの人脈ツールソフトを活用して、会社名その他のオープン情報のほかに、自分がアポ取りしたときに入手した情報をこまめにインプットする。パソコンを起動して、このリストの電話欄をクリックすれば電話回線につながるから簡単に電話できる。電話しながらアポ日をインプットする。面談時の内容、受注等々もすべてこのソフトで一括管理している。

お客の名前をクリックすると、このお客の人脈ネットワークをパソコン上に表示できる。たとえば、A部長の部下にはB課長がいて、さらに友人には○○社の役員のCさんがいるというように、「部下」「友人」という欄に情報をインプットしておけば、お客の人間関係をすべて把握できるのである。

5 プロファイリング法
――裏の情報で「仮説力」が面白いほど身につく

社名、住所、電話番号等のリストが営業マンにとって必要条件だとすれば、お客の役職、年齢、学歴、趣味などのプロファイリング情報は、十分条件と言えるのではないだろうか。

リストが表の情報だとしたら、プロファイリングは裏の情報である。どういう人間なのか、丸裸とまではいかないけれどもある程度、透けて見える。もちろん、これがアポ取りには大きなヒントになることは言うまでもない。

「眼光紙背に徹する」という言葉がある。営業マンにとって、リストは立派な〝愛読書〟である。この愛読書を徹底的に読めば、書かれてないことまで頭に浮かんでくるはずだ。まして、プロファイリング情報が満載されていれば、なおさら、イメージは湧きやすい。

この会社の、この部門の、この役職の人には、わが商品、わがサービスをこういうふうに使ってもらえないかな、というイメージが映像として脳裏に浮かんでくる。これを「仮説力」と一般的には呼んでいるようだが、なんのことはない、商品、サービスの活用法をイメージしてつじつまを合わせるだけのことである。

たとえば、わたしの経験では職員録をじっと見つめる。教育資材をセールスしていたから、人事部、教育部、研修センターなどにすぐ目がいく。しかし、じっと見つめていると、ほかに総務部もあれば、営業部、工場、品質管理部、調査部など、会社には実に多くの部門があることに気づく。

ここでハタとひらめくのだ。

「人事部や教育部だけがお客じゃないぞ。ほかの部門でも注文や契約が取れる商品を探してぶつけてみたらどうか？」

「人事部のついでに営業部に回れたら時間の節約にもなるなぁ」

いけそうな予感のもと、試しにやってみた。3カ月に1回くらいの頻度で訪問する会社の人事部にアポが取れた段階で営業部に電話したのである。

「今週末に人事部の○○さんのところまで伺うんですが、その後、営業部長さんにご覧頂きたいものがあるんです。ちょっと変わった営業マン教育用のマニュアルがあるんでご覧頂けませんか？」

「そりゃ、うちにぴったりだ。変わった営業マンのためのテキストだろ？」

「失礼しました。営業マンが変わっているのではなくて、マニュアルがユニークなんです」

「冗談だよ、冗談。きみも真面目だねぇ。人事部まで来るんなら寄りなよ」

「アポは？」

「金曜日だろ？　トイレ以外はずっといるよ。うちは7階だからね」

「はい、わかりました。ありがとうございます」


なんと、こんなに簡単にアポ取りができてしまった。もし人事部抜きでこの営業部長にアポを取ろうとしたら、こんなに簡単にはいかなかったと思う。社内のどこかを訪れると知ったらこんなにアポ取りがオープンなのだ。

以来、この手を駆使して、1日中、1社の中をあちらこちらに飛び回っていたこともある。エレベーターでそれぞれの部門に行けるから早い早い。移動時間数十秒である。

人事部、営業部、品質管理部、調査部等々とまわる中で面白いのは、社内の力関係や、責任者のプロファイリングもわかってくるということである。

たとえば、このようにリサーチできる。都市銀行にセールスしたときのことだ。

「これから調査部に伺うんですが、調査部長さんは怖い人ですか?」

相手は人事部研修センター調査役である。この質問はわざとこう聞いたのだ。ほんとうはどんなキャリアで、昇進度はどうなのか、行内の力関係はどうなのか、家族関係や趣味等々を聞きたかったのだ。しかし、こんなことをストレートに聞いてもだんまりを決め込まれるか、下手をするといったいなんのつもりか、営業マンの業務を超えているのでは、と出入り禁止にもなりかねない。そこでこんな他愛のない質問をしたのである。

「○○部長は、この4月に役員になりますよ。あの人、エリートだから。アメリカにも留学してるしね。専務までは確実に行くんじゃない?」

「調査部でも教育用の書籍を購入してくれないか、と思ってるんです」

「それは可能だよ。調査部長名で支店に買いなさいと発信したら効果は大きいよ」

「そうなんですか？」

「銀行で力があるのは、一に営推（営業推進部）、二に調査部。人事部はエリートだけど、研修センターはそんなに影響力はないからなぁ」

たしかに、その通りだった。というのも、平素、その銀行で発注してくれる20倍の注文をくれたからである。

6 ネームドロップ法①〈有名企業、業界トップ企業〉
——企業間のライバル意識を利用する

ライバルに負けたくない、という気持ちはだれにでもあると思うが、これは企業間でも同様である。

たとえば、業界内の会社同士はライバルとしてしのぎを削っているが、業界団体として横のフォーマル、インフォーマルの会合は盛んに行われている。人事なら人事で採用計画などはお互いに情報交換していたりもする。組合も業界ごとにグルーピングされているから、業績が天地ほどの差があっても、ベースアップなどは業界内でほぼ同一水準で落ち着くことが多い。

この横並び意識と競争意識のおかげで、アポ取りがスムーズに運ぶのである。

アポ取りのときに、ライバル企業の名前や業界トップ企業の名前をさりげなく会話に入れる。これを「ネームドロップ」という。このネームドロップ法を使うと、アポの取れ具合がだんぜん良くなるのだ。

たとえば、ソニーにセールスしたい場合、「すでに松下さん、NECさんにも導入していただいております」とひと言入れればスムーズにアポ取りができるし、シャープの担当者にアポを取りたいときには、「松下さん、三洋さんにも参ります」と言えば無碍にはしないはずだ。

たとえ導入していなくとも、「いま、前向きにご検討いただいております」「来週には決定していただけるようですが」とさりげなく、しかし、したたかに入れておけばいい。

なぜ効果があるのか？

人間にはアンテナがあり、ある種のキーワードやフレーズ、単語を聞くと、いきなり脳が起動するからである。

ビジネスパーソンにとってみれば、ライバル社の動向はいちばん気がかりだから、アンテナはその関連語を敏感にキャッチしやすくなっているのである。社名に反応するのもアンテナが敏感だからである。

逆に、「それがどうしたの？　うちはうちだから」という会社にはまったく反応しないかもしれない。

派遣会社のトップ営業マンである奥田靖さん（33歳）は、このネームドロップ法で次々と新規のお客を開拓している。

「商社のM社やS社にもうちから派遣させていただいております」

「へぇ、M社とS社？（なら、この会社は信用が置けるな）優秀なスタッフが登録されてるんだね」

「はい、団塊世代がどっさり抜けますから、バブル時みたいに採用難になる可能性が高いと思います。いまのうちに手当しておいたほうがよろしいかもしれませんね」

「ユニクロ（ファーストリテイリング）が5000人も正社員に登用したくらいだもんな」

「本格的な人材奪い合い時代の到来ですね」

「わかった。今週、来ていただけますか？」

「はい、喜んで伺わせていただきます」

大手企業の名前は、それだけで信頼度抜群なのである。自社にはブランドがなくても、ブランド企業がお客だということが信頼度を支えてくれるのだ。

極端な話、アポ取りのためにはブランド企業が1社でもあればいい。その1社からどこまで横に広げられるかが営業マンとしての腕の見せどころである。まずは業界トップ企業にセールスをかけ、それから売上、規模等で下位の会社を軒並みセールスすればいい。

7 ネームドロップ法②〈有名人の名前〉
――相手の気を引く効果抜群の演出テク

人は自分が知っている人やものを見ると安心する。逆に、初物は〝未知との遭遇〟だからどうしても手を出すのに躊躇《ちゅうちょ》する。営業マンがアポ取りに苦労するのも、お客にとって自分が初物だからである。

では、どうすればいいか？　アポ取りトークの中にだれもが知ってる有名人や有名企業の名前をさりげなく入れる。いわば、ネームドロップ法の有名人バージョンである。すると、やはりお客の反応がちがってくるのだ。

たとえば、化粧品の訪問販売でトップクラスの成績を誇る営業ウーマンの福田美佳子さん（33歳）もこんなアプローチをしている。

悪い例

「今度発売されたこの商品は美肌効果がたっぷりあるんです。ぜひ、ご案内したいのですが……」

良い例

「無料サンプルを差し上げます。美肌効果も立証されてますし、タレントの○○さんもご愛用されてるんですよ」

美肌効果だけでは、お客は魅力を感じないかもしれない。そこで、無料サンプルのプレゼント、それに加えて具体的なタレント名を出す。「あれ、あの人が使ってるの」「へぇ、どんなのかしら」とお客は注意、関心が喚起される。先に述べたとおり、セールスの仕事は商品やサービスの内容を縷々《るる》説明することではない。注意、関心を引き起こすことがいちばん重要なポイントなのだ。

8 ネームドロップ法③〈知人、友人の紹介〉
——簡単・確実、なのにだれもやらない意外な裏ワザ

前節で述べたとおり、アポを取るとき、だれもが知っている有名人や有名企業の名前をそれとなく会話に入れておくと想像以上に効果がある。「あの人も購入しているのか」「あの会社も契約しているのか」というだけでお客は安心するからだ。

他人の目を過度に信用してしまう日本人の習性を巧みに突いたアポ取り法だと思う。だが、世の中にはもっと影響のある、もっと信頼性の高い「特効薬」があるのだ。

それは知人、友人の紹介である。

「あいつが言うなら本当だろう」
「彼女が勧めるんだから信頼できる」

このように、自分が信頼する知人や友人の紹介はテレビCMやチラシよりはるかに効き目があるのだ。もちろん、逆もまた真なりで、「あんな嘘つきはいないぞ」「あんないい加減なヤツは大嫌い！」という人物から紹介を受けたらまったく逆効果。ネームドロップは諸刃の剣だから、人物評価だけはきちんとやってもらいたい。

知人、友人の紹介アポが便利なのは、いつでも、どこでも、だれでもできる点だ。たとえば、雑談の途中でもいいから、学生時代の友人やあるいは恋人に、「実はね、いま、こんな商品（サービス）のセールスを担当してるんだけど、なかなかアポが取れなくて困ってるんだよ。だれか、紹介してくれないかな？」と訊ねてみたらいいのだ。あなたがよっぽど信頼できない人でない限り、かなり真剣に考えてくれるはずだ。

「だれでもいいの？」

「だれでもってわけにはいかないよ。やっぱりこの手の商品に関心がある人とか、こういう商品を欲しがりそうな人がいいんだけど」

「わたしが理解できない商品なんて紹介できないよ」

「これはね……」と懇切丁寧に説明してあげる。

「なるほど、わかった。う～んと、それなら○○さんなんかどうかな」

「だれ、それ？」

「実はね……」


前もって、見込客についていろいろレクチャーもしてくれたりする。このプロファイリング情報はとても有利だ。

もしかすると、知り合いや友人に前もってメリットを伝えておいてくれるかもしれないが、それはあくまでもおまけである。ここは基本的な線を守っておきたい。すなわち、名前と電話番号だけを教えてもらう。あとは自分で頑張ってみる、ということだ。

もちろん、アポが取れたらいつ会うかという情報をフィードバックするのは当たり前だ。これは仕事以前の常識である。途中経過や結果の報告、そしてお礼も忘れない（これについては後述する）。

このアポ取り法は、営業マンのトークや熱意というよりも、紹介者とお客との人間関係の密度でうまくいくかどうかが決まる。仲のいい友人同士なら百発百中である。

幸いなことに、紹介するほうもこの人なら断らないだろう、この人ならひょっとすると契約するかもしれないとあらかじめスクリーニングしてくれているから、アポ取りの確率はほぼ100%。成約の確率も高い。これだけ効果のある知人、友人からの紹介をなぜやらないのか、不思議でたまらない。

「わたしなんかいつも周囲の人に頼んでますよ」というのは外資系生保のトップ営業マン三浦裕一さん（41歳）である。

根っからの野球好きが高じて、いまや、某プロ野球チーム専属の生保マン、と社内外で呼ばれているほどだ。なにしろ、会社に出るよりもひいきチームのゲームやキャンプに出かけるほうが多いのである。それでも叱られないのは業績をあげ続けているからにほかならない。しかも、その業績がとんでもなくすばらしいのだ。

きっかけはひいきチームのエースから契約が取れたことだ、という。その後、このエースの生命保険だけでなく、自動車購入から節税の相談、病院、子弟の教育にいたるまで、すべての相談に誠実にあたったことから万全の信頼を受けた。

プロ野球の世界はあくまでも実力がものを言うが、面倒見がよく親分肌のエースの下には後輩が公私ともに相談に来る。ゲーム後に酒食をともにすると、自然と人脈も増えてくる。


「○○さんが任せているなら、ボクもお願いできませんか」

「それじゃ、アポはいつにしましょうか？」

「これからでもいいですよ」

「じゃ、一緒に帰りましょう」


いつの間にか、このチームの選手の契約を独占的に受注するようになってしまった、というわけだ。

9

5秒で紹介者を作る法

――すぐに使える掟破りの電話術

「うちの商品は知名度ゼロ。有名人や有名企業からの注文など1つもありません。アポをお願いしたって、いつもけんもほろろの扱いです」

嘆くのはまだ早い。「初代に名門なし」という言葉があるではないか。歌舞伎の世界だって、最初から名人が生まれたわけではない。最初はどこの馬の骨かわからない存在だったのだ。初代が頑張っていい評判を呼び、二代目、三代目がその評判を落とさずに頑張る。すると、いつの間にか、周囲があそこは名門だと認めてくれるのである。

知名度ゼロということは、いまは初代の時代だということを意味するのだ。二代目、三代目よりも創意工夫しなければ名門にはつながらない。

さて、こんなアポ取り法はどうだろう。営業教育専門のセミナー会社のトップ営業マン三井豊さん（45歳）が得意にしている方法だが、口八丁手八丁、ある意味、これも掟破りのアポ取り法といえるかもしれない。

「教育部長さんですか？　実はわたしどもで営業マン向けの画期的なセールス教材を開発したんですが、こういう教材資料をご案内する場合、御社ではいったいどなた様がふさわしいのでしょうか？」

「それなら、○○課長だな」

「お名前をフルネームで教えていただけますか？」

「○○△△だったかな」

さて、この情報をどうするか？　すぐに、この○○△△課長に電話するのである。

「ただいま、○○部長様よりご紹介いただきました○○と申します。営業マン教育のご担当は○○△△様だと伺いましたので、お電話させていただきました」

「はい、たしかにわたしが担当することになってますが……」

「先ほど部長様といろいろお話したのですが、そういう内容ならば、課長がいちばんふさわしい。彼の担当業務だからぜひに、とアドバイスをいただきました」

「はい、わかりました」

「わたしどもは営業教育専門の会社です。貴社のような優れた教育システムをお持ちの会社はかねてより尊敬しております。ぜひ、○○課長さんの幅広いご見識や知識を伺わせていただきたいところです。近々、伺わせていただきたいのですが、いつ頃でしたら可能でしょうか？」

「そんなに立派な見識も知識などありませんよ。ならば、週末の金曜日午後1時はいかがですか？」

「ちょうど空いてます（本当はがら空き）。では、金曜の1時に参上します。ありがとうございました」

10 「ダメで元々」法

――営業マンは〝お願い〟しなさい

人間というのは、頼られると無碍には断れないもののようである。懐に飛び込んできた人は可愛いものなのかもしれない。

そういう意味では、営業マンは少しは図々しいほうが得なのだ。たとえば、紹介をもらえばなんなくアポが取れることがわかっているのにどうしてやらないのか、わたしには不思議でならない。

理由を聞くと、大きく分けて2つある。

1つは、図々しいと思われるのではないかと自己規制してしまうからだ。もう1つは、紹介をもらえるほどお客と良好で密度の濃い人間関係をまだ築いていないから、というのである。

この2つの理由は別々のものではなく、実は同じ理由を両面から見て述べているに過ぎない。つまり、1つの問題がクリアできたら、同時にもう1つの問題も解決できてしまうのである。

よ〜く考えてみて欲しい。「図々しいと思われたくない」という気持ちと「アポ取りがまったくできなくて成果をあげられない」という気持ちのいったいどちらが苦しいか、である。

わたしは絶対に後者ではないかと思う。それに、そもそも、なぜ相手があなたのことを図々しいと思うはずだ、と確信できるのだろうか。もしかしたら、そんなことはさらさら感じないかもしれないではないか。

中堅不動産会社に勤務する営業マン中山晃さん（36歳）のケースだが、「もっと早くやっとけば良かったですよ」と、つくづくこぼす。彼の仕事は不動産の買上をおもに展開している。いま、首都圏も地方も再開発するためには土地が足りなくて困っているらしい。

「実はアポがなかなか取れなくて、以前のお客さんにダメ元でお願いしてみたんですよ。そしたら、いいよって2つ返事ですよ。拍子抜けしちゃいました。たくさん紹介してくれましたよ」と喜色満面なのだ。

アポが取れる営業マンと取れない営業マンのちがいがここにあるのではないか。下手に遠慮して自己規制してしまう人と、思いきってお願いしてみる人の差だ。

ある意味で、営業マンの仕事はお願いすることなのかもしれない。ＯＫするかダメと言うかはすべてお客が判断するのであって、営業マンの仕事ではない。にもかかわらず、営業マンが勝手にお客の代わりに判断してしまう。はっきり言って、これは越権行為なのである。

もし、あなたがアポがなかなか取れないならば、いままで契約をくれたお客をまわって、「紹介してください」と話してみよう。ダメ元でいいのである。お願いするだけならタダである。断られても損にはならない。

わたしは勝率は半々くらいはある、と思う。中には、「水くさいな。もっと早く言えばよかったのに」と言われるケースも少なくないと思う。

11 虎の威を借る狐・小判鮫法

――お客のサポートは最強の武器になる

わたしの経験談を話そう。

以前、どうしてもセールスしたい得意先（大手製薬会社）があった。

仕事は、書店には流れない職域専用の自己啓発書の斡旋《あっせん》営業だが、この会社でセールスすれば必ず大きな売上があがることはわかっていた。というのも、いままでどの出版社、雑誌社、新聞社もセールスに成功したことのない会社だったからだ。いわば、だれも釣り糸を垂れたことすらない漁場ということになる。

そこで、取締役人事部長にアポを取ろうと正面突破を敢行したものの、みごとに失敗。こうなると、人事課長や教育課長といった部長のラインにつらなる役職者にはアポも取れない。

「人事異動でこの人の交代を待つしかないのか？」と悔やむばかり。

釣り損なった魚ほど大きく見えるものだ。どうにかしてリベンジできないものだろうかと考えた。

そこで、秘書室長にアポを取って、正直に人事部長には断られたこと、しかし、どうしてもセールスしたいことを相談してみたのである。すると、どうなったか？

「自己啓発本の斡旋かぁ。人事も人が足りなくてね、給与引き落としの項目も削減したいんだよね。けど、教育の一環として考えれば、これは仕事だからね」

「はい」

「じゃ、こうしましょう。わたしは賛成です。しかし、人事部長は却下したんですよね。ならば、労務部でやってもらいましょうか？」

「労務部ですか？」

「人事部に固執する必要ないでしょ？」

たしかにそうなのだ。しかし、労務部は人事部と隣り合わせではないか。この前、人事部長相手に折衝《せっしょう》したときにフロアに通されたからわかっている。この2つの部門間にはパーテーションすらない。話が筒抜けになるほどの近さなのだ。

「では、行きましょうか」

「えっ、これからですか？」

「そうです。労務部長、いま、在社してますから」

秘書室長が連れて行ってくれるというわけだ。前もって、労務部長のアポまでチェックしていたのだろう。幸い、人事部長がいなかったからよかったものの、彼がいる前で同じことを依頼するのはさすがに気が引ける。この時のわたしは、とにかく、商談中に人事部長が帰ってくるな、帰ってくるな、とばかり考えていたから、労務部長の顔はよく覚えていない。

「人事部で一度断られたんだって。けど、これ、なかなかいい企画だと思うよ。それに彼、なかなか熱心でどうやっても帰りそうにないから連れてきた。どうだろう、労務部で引き受けてくれないかな？」

「いいですよ。うちでやりましょう」

2つ返事でOKだ。もちろん、これは秘書室長の尽力のおかげであることは言うまでもない。この時は、嫌だな、恥ずかしいなという気持ちよりも、やらなくちゃ、セールスしたいな、ダメで元々じゃないかという開き直りともいえる気持ちのほうが強かった。

考えてみれば、虎の威を借る狐、完璧な小判鮫商法だけれども、紹介アポの本質はいかに力のあるお客の協力やサポートを得られるかにかかっていることがわかろう。

12 インパクト・サプライズ法
――相手の心をつかむ驚きの挨拶トーク

先日、某大手生命保険会社で長年、全国トップセールスを記録し続けているというスーパー・ウーマンの来訪を受けた。どうしてわたしのところに来たかというと、これがやはり知り合いからの紹介だったのだ。やっぱり、紹介アポは強い。

突然、電話がかかってきて（電話はいつも突然だが）、「（友人の）○○社長からご紹介をいただきました。ぜひご面談いただけませんか?」というのだ。彼の顔を潰してはならないし、わたしもいつかだれかを彼に紹介しなくちゃいけなくなるかもしれないいな、という気持ちもあって、即、ＯＫした。

紹介アポの基本は、もちつもたれつ、ギブ・アンド・テイクというか、ギブ・アンド・ギブンという気持ちが根底にある。

わたしを紹介した社長に聞いても、その社長も知人からの紹介だという。たぶん、その先をたぐっていっても紹介です、紹介です、と答えるのではなかろうか。

　いずれにしても、このトップ営業ウーマンは「紹介の輪」によって次から次へと見込客を開拓しているのだろう。本人が来たときに確認すると、やはりアポの9割までは紹介客だという。残りの1割だけが、ふつうの営業マンのように自ら電話をかけてアポを取る、ということだった。しかし、やはりアポ率も下がるし、それ以上に下がるのは成約率だという。


　さすがにトップだけのことはある。ここまでやるか、というくらいこちらに食い込んでくるのだ。たとえば、電話の翌日には仕事場に立派な胡蝶蘭が届く。出版社からも電話がある。聞けば、わたしの著書を100冊購入してくれた、というのである。ここまでやるか、とびっくりしてしまったが、こうなると、わたしとしては完全に外堀を埋められた格好になる。断りにくくなってしまうではないか。

　彼女にしてみれば、実際に会う前にできるだけ心証を良くしておこう、できれば、すんなり契約が取れるようにしておこう、という腹づもりなのだろう。たしかに、生命保険などどの会社で契約しようが同じものだとだれもが考えている。どうせ契約するなら、縁のある人、信頼の置ける人、便利な人からと考えるのもわかる気がする。

だが、わたしはたとえ知人からの紹介でなくとも、この営業ウーマンなら会いたい、と思っただろう。なぜなら、社内トップを続け、業界内でも有名な人物なのだ。どんな仕事でも、これだけの成績を収めている人には魅力がある。トップセールスということが、アポ取りでもおおいに武器になるのだ。

「○○会社で15年トップ営業マンをつとめている○○です！」

こんな挨拶トークがいきなり電話の向こうから聞こえたとしたら、さぞやインパクト、サプライズは大きいと思う。契約しないまでも、どんな顔をしているか見てみたいと思わないだろうか。どんな営業スタイルなのか、販売会社の社長や営業幹部なら実際に会ってとことん聞き出したいはずである。

わたしの友人に外資系証券会社で2億円という年俸を稼いでいた松藤民輔さん（25歳）がいる。彼は元々、日本の証券会社を振り出しに抜群の成績を収めてニューヨークにスカウトされていった。

新人時代、彼が作ったアポ取り用の切り出しトークが面白い。

「N証券で副社長になる予定の松藤です」

「証券会社？　株には興味がないよ。けど、なんで副社長なのよ？　社長の間違いじゃないか？」

「いえ、副社長です。副社長までは実力でなれますけど、社長になるには運が必要ですから」

「きみ、面白いねぇ。株には興味ないけど会ってみたいねぇ」

「じゃ、伺わせてください」


株式投資に関心のないお客相手でも株式や金融商品をたくさん販売できたという。すべての売上はアポ取りからはじまるのである。

「AIDMAの法則」はアポ取りでも活用できると述べたけれども、「注意」「関心」を引き起こすにはなんといってもインパクトとサプライズだ。「トップ営業マンです！」「元漫才師でした」「元々はやくざでした」などなどの驚きトークを会話の中に仕込んでおくことがアポの魅力にはいかに重要か、ということがわかる。

13 クレーム対応法
――トラブルこそが最大のチャンスになる！

裏技といえば、これから紹介する手法ほどの掟破りはないだろう。しかし、効果は抜群。百発百中でアポは取れる！

いったいどうすればいいかというと、お客からのクレーム処理をみずから買って出ることだ。

なら、や〜めた、と言わないでもらいたい。ここから先を読めば、絶対やりたくなると思う。

わたしの顧問先にオフィス機器販売会社（通販事業部）がある。これが電話注文をパソコンに打ち間違えて、まったくちがう会社に品物と請求書を送ってしまったのである。注文もしていないのにどっさり商品が届いたのだから、お客がびっくりするのも無理はない。早速、クレームの電話が来た。もちろん、張本人の河村良夫さん（29

歳）は平謝りである。しかし、その後の展開が面白い。

この男、先方に出向いて総務部長（役員）にさんざん絞られ、徹底的に謝った。その謝りっぷりがよかったのか、この部長に気に入られてしまったのだ。「せっかくだからそのまま置いてけ。どうせ、うちでも使うから」と、発送ミスの商品をそのまま購入してくれたのである。以来、彼の超お得意様になってしまった。

これはクレームとはいえ、人との出会い運が良かった例だと思えるが、実はアポ取りにとって、いや、営業マンにとって、きわめて重要な意味をいくつも含んでいるのである。あなたはお気づきだろうか？

まず1つめに、クレームというのは、お客と営業マンが1対1、しかも本音で立ち向かう機会だということ。すなわち、クレームは営業マンにとってお客と徹底的に話し合えるチャンスなのだ。互いにやり合っていると、お互いの性格も能力も誠実さも人間的な器量もはっきりと見えてくる。

鬼のように電話口で怒鳴られたが最後、ずっと逃げ回ってお客のところに絶対に出てこない営業マンだって少なくない。あるいは謝罪の言葉よりも先に弁解や言い訳ばかりが先行して、さらに火に油を注ぐがごとくに怒りを買ってしまう営業マンも少なくない。さらには、責任を他部門や部下、同僚、下手をするとお客に転嫁しようとするこすい営業マンだっているのだ。

しかし一方では、真正面から正々堂々とクレームを受け、罵詈雑言《ばりぞうごん》を浴び、それでも誠実に必死にトラブルを解決しようと最後まで逃げないで踏ん張る営業マンもいるのである。お客はこういう営業マンの行動を最初から終わりまでそっと、だが、しっかり観察しているものなのだ。

「これだけ汗をかいてくれる営業マンなら安心して任せられる。今後も引き続き頼むよ。口先だけの人間が多い中、叱られながらここまでよくやってくれたな」とかえって評価を高めてしまうことも少なくないのだ。

怪我の功名？　いや、これは営業マンというよりも、素の人間としての性分がストレートに出現したものなのだ。掛け値なしの人間としての価値だ、と思う。

2つめに、クレームというのはアポがいらない、ということだ。たしかに、営業マン時代、アポなし訪問が可能だったのは、クレーム対処のとき、年末年始の挨拶のとき、それと葬儀のときの3つだけだったと思う。

「来ないでいいよ。迷惑だから」

「出入り禁止だ！」

そうは言われつつも、押しかけていく。受付にもその旨、伝える。すると、必ず担当者につないでくれるのである。

ここで本当に追い返されたことはいまだかつてない。必ず通してもらえる。


「このたびは大変申し訳ございませんでした」

「本当にいったいどうなってんだね、おたくの会社は」

「弁解の余地もございません」


もし、クレームがあったからといって、来ないでいいよと言われたからといって、そのまま知らぬ存ぜぬを貫いたとしたら、今度は本当に出入り禁止になることは確実だ。しかも、それはずっと後輩の代までほぼ永遠にセールスなどできなくなってしまうのである。

3つめに、相手が怒っていればいるほど実はチャンスなのである。人間というのは不思議な生き物で、怒れば怒るほど冷めたときに後悔するものなのだ。

ミスを冒した営業マンを怒鳴りまくったあと、自己嫌悪に陥ったりするのも、言い過ぎたかなと反省したりするのも、めちゃくちゃ怒ったことで気が晴れたからである。可哀想になって優しい言葉をかけたり、注文をくれたりするのである。もちろん、それには「叱られっぷり」「謝りっぷり」が見事でなければならない。

もし、クレームが発生したら、アポ取りのチャンス到来と心得る。怒らせた相手が社長や役員、部長クラスだったらみっけものである。いままでアポが取れなかった相手と1対1で会えるのだ。

「危機」には危険だけでなく、機会（チャンス）という意味も含まれている。ここは徹底的に熱意と誠意でトラブルを解決し、このチャンスを活かしてやろうと心得て臨むべきなのだ。

14 三角関係プロデュース法
――人脈が広がり、アポも取れるランチ活用術

ビジネスランチ、あるいはパワーランチという言葉を聞いたことがあるだろう。ランチを食べながらビジネスの話をしたり人脈を築きましょう、というミニ会合のことである。

わたし自身、毎週火曜日の昼はビジネスランチの日と決めていた。1人でランチをとるのも1時間。100人でとっても1時間。ならば、ランチタイムは価値ある出会いの時間にしたいと考えたのだ。

たとえば、大手流通企業の経営者が金融ビジネスに進出するかも、とふと漏らした。「では、銀行の頭取と食事でもしませんか?」と投げると、「いいね。社長室にランチを用意するから頼むよ」と2つ返事である。これは銀行トップにも感謝された。こういうカップリングを20代の時からやっていたからこそ、人脈が広がったのだと思う。

ところで、定年までの間に何回パワーランチができるのだろうか？　22歳で会社に入社したとして55歳で定年を迎えるとして、約30年間、年間２００日（週休２日制）の出勤。週1回はお客とビジネスランチをともにすると、30（年）×40（日）＝１２００回にもなる！

この数字が物語るのは、少なくとも１２００人とランチ・ミーティングができるということだ。これはすごい。１２００回のコミュニケーション活動からいったいなにが飛び出るか？　わたしの経験からすると、瓢箪から駒、嘘から誠が出ることが少なくない。ベンチャー企業にそのまま役員入りすることになったり、起業したり、独立したりすることも夢ではなく、かなり確率的には高いはずである。

ランチをともにできるお客が１２００人もいれば……営業マンとしても独立してやっていけるのではなかろうか。

中堅商社に勤務する江口勝彦さん（35歳）は、できれば毎日、少なくとも週3回はランチをお客と一緒にとることを習慣にしているという。親睦を深めるため？　それもあるだろうが、ランチタイムは彼にとってアポ取りの場なのである。

彼のお客はほとんどがベンチャー経営者である。ベンチャーの場合、社長はスーパーマンだけれども、2番手、3番手はいまひとつというケースが多い。人材が少ないから、業績を伸ばすにはパートナー的存在が欠かせない。人脈も広げたい。優秀な人材だったらスカウトしたい。

そこで彼らはビジネスランチを積極的に仕掛けているのである。言ってみれば、仕事の三角関係作り、コラボレーションとでも表現できようか。

「○○さんですか？　今度、ベンチャー企業の△△さんとランチをとるんですが、ご一緒しませんか？」

「△△さんて、あの△△さん？」

「そうです。割り勘でざっくばらんにトークしましょうよ」

「面白そうだね。いいですよ」

これははじめてのお客とのアポ取りでも使えるのだ。なにしろ、ベンチャー企業の中ではそこそこ知られる経営者を切り札としてもっているのだ。言葉は悪いけれども、ある意味、この人寄せパンダのおかげでアポ取りがスムーズにできるのである。

ここで知り合ったお客についていては、江口さんはまたほかのビジネスランチを展開するのだ。

「○○さんの知合いでユニークな人はいませんか？　いたら、また、ランチタイムに紹介してくださいよ」

ランチはだれでも必ずとる。ならば、1人でとるより何人かで情報交換しながらとったほうが時間を効率的に使える。仕事にも役立つかもしれない。こんな思いが、ビジネスパーソンにはあるのだ。だから、このビジネスランチのおかげで、おもしろいようにアポが取れるのである。

ランチは値段も安いし、なにより気が楽だ。しかし、これが意外と効果があって、「いい人を紹介してくれた」と感謝されることも多い。回りまわって本業である営業の仕事にも跳ね返ってくる。

15 レスポンス広告法
――お客が集まる「アポ取られ」の仕掛け

アポ取りというと、営業マンのほうからお客を探して電話をかけるというニュアンスが強い。

基本的にはこれでいいのだろうが、もう1つ、お客（見込客）のほうからアポを取りたいと言ってくるようにし向けることを考えてみてはどうか？

たとえば、わたしはブログを書いている。毎日、毎日、しっかり書いている。おかげで1日3万人のアクセスがある。連載中の「日経BizWeb」のコラムでは1日5万人のアクセスだ。これには日経本社がびっくりしたという。なにしろ、このコラムは20人の著名人が連載し、トータルで18万人のアクセスなのだ。そのうち、5万人の読者をわたしのコラムが独占しているのだ。

こういう発信機会があるから、アポを取る立場からアポをお願いされる立場に変わってきたのだ、とわたしは考えている。情報を受信する立場でいるかぎり、いつまでたってもアポ取りする立場からは抜け出せないだろう。なにもアポ取りが悪いと言っているわけではない。「アポ取り」のほかに「アポ取られ」というポジションを狙ってもいいのではないかという提案だ。

では、どうやったら「アポ取られ」の営業マンになれるのだろうか？

わたしのようにブログを書く？　役に立つブログだと評価されれば、1日何万人ものアクセスがあるだろう。わたしのブログでは、勉強会情報も告知している。ブログ以外では告知していないから、参加したい人はブログサイトを通じて申し込む。申し込みメールには名前、住所、メールアドレスを明記してもらうことになっている。少なくとも、申し込みと同時にメールアドレスは入手できるわけだ。つまり、ブログを通じてお客のプロファイリングを得られるのである。

これは、わたしからお客にアポを取るのではなく、お客からわたしにアポを取りたいという意思表示である。

同様に、このブログでは「あなたも本が出せます！」というメニューも用意している。いままで経済団体の会長をはじめ、経営者、医師、会計士、ビジネスパーソンを中心に500冊以上もプロデュースしてきた経験を活かした提案なのだが、このレスポンスがとても多い（このサイトを通じて単行本化されたケースは50件近くはあるはずだ）。これまた、ブログ専用の返信メールアドレスを通じてわたしにアポが入るようになっているのだ。これも「アポ取られ」の仕掛けである。

わたしのケースを読んであなたはあるCMを連想しなかっただろうか？

「あぁ、あれか？」と気づいたあなたは鋭い。そう、再春館製薬のCMだ。ドモホルンリンクルという商品のCMだけれども、このCMの狙いはどこにあるのか？　商品を売るため？

たしかに最終的な落としどころはそこにあるかもしれない。しかし、CMを見ていると、「はじめてのお客様にはドモホルンリンクルはお売りできません」と冒頭にはっきり断っている。「買えないよ」とスポンサー自ら宣言しているのである。「その代わり、サンプルを差し上げます。フリーダイヤルはこちらです」と続く。フリーダイヤルではサンプルを送付するために、住所、氏名、電話番号、その他の情報……つまり、お客のプロファイリングと交換にサンプルをくれるというわけである。

類似の広告法を採用している会社に「やずや（にんにく卵黄）」「キューサイ（青汁）」等がある。これらも商品の販売ではなく、まずはサンプルプレゼントが先なのだ。

いったい、なにが目的なのか？　ひと言で言えば、「わたしはその商品に関心があります」「その商品を買いたいお客です」とお客に手を挙げさせることにあるのだ。これを専門用語で「レスポンス広告」という。

この商品が欲しい人？　はい、わたしです。では、これは？　はい、わたしです。このようにレスポンスを返してもらう。

あとは、そのお客に定期的にメールを送って購入を促せばいい。1回こっきりの売買関係で終わらせず長い取引もできるだろうし、お客のプロファイリングを手に入れているのだから、バリエーション豊かなマーケティング戦略を構築できるはずである。

16 メルマガ・オートステップメール法
――見込客を成約客にする最新ビジネスツール

ブログのほかにも、情報発信基地になる方法はいくつもある。

たとえば、メルマガもそうだ。ホームページやブログはお客のほうからアクセスしてくるけれども、メルマガはお客のほうに出向く情報ツールである。

いまや、気の利いた営業マンはその専門知識を活かした業界情報や裏話、得する話、得する情報等々を定期的に流している。すると、「このスペシャリストの話を聞きたい」「この人から買いたい」というお客が集まってくる。メルマガはオンライン人脈だけれども、これをオフライン、すなわち、実際にアポを取って面談するというステージに乗せることはいくらでも可能である。

藤山和彦さん（40歳）は自社で開発した情報商材を販売するために、お客にアポを入れたり、新聞広告、インターネット広告などを展開したが、コストパフォーマンスを考え、現在はメルマガとレスポンス広告、そしてオートステップメールを連動させている。おかげで1人頭月間300万円という高収益をあげられるようになった。

オートステップメールという手法をひと言でいえば、メール機能を活用したお客のフォロー（追っかけ）活動のことである。いまや、メール人口は6000万人を軽く超えている。オートステップメールは自動的に前もって決めたスケジュール通りに定期的、段階的にメールを送り続けるシステムである。たとえば、資料請求があったとする。これは「お客になりたい」ではなく、「その商品に関心がある！」という宣言で、見込客であることに変わりはない。

では、確実に成約客になるかというとそんなことはない。なぜか？　検討したあげく、却下してしまうからだろうか？　それがちがうのだ。ほとんどのお客はまだ迷っているのである。

たとえば、こんなデータがある。最初にメールを送付してから1カ月以内に成約できる確率はわずか10％しかないのである。では、残りの90％は？

ずばり言おう。2カ月～4カ月に決めるお客が40％、6カ月～10カ月では10％、10

カ月～12カ月ではわずか5％……という成約率なのである。

これをお客と営業マンとの関係で考えてみよう。「関心があります！」とお客は資料を請求する。すると、営業マンは「見込客が現れたぞ！」と必死にアポを取ってセールスしようとする。お客のほうはデータで明らかなようにこの間はまだ迷っている最中である。にもかかわらず、「成約しろ、成約しろ」と性急に迫られても、引いてしまうのではなかろうか。

なかなか成約してもらえない営業マンは、1カ月も頑張ってアポすら取れなければ、「このお客は買う気がないな」と見込客から外してしまう。だが、2カ月～4カ月のスパンで40％もの成約があるということは、そう、お客のほうはこの頃になってようやく決めようかな、と考えているのだ。

最初の2カ月間は資料をたくさん取り寄せて検討を重ね、資金的なやりくりを算段していたのだ。ようやくすべての準備が整ったので、いざ決断というステージに乗ったわけである。

ところが、この時、お客の周囲に残っている営業マンは、「2カ月～4カ月の成約率が40％でいちばん高い」と理解している人物だけなのだ。こうなると、もう独壇場である。最後に残った営業マンが独占的に成約をものにしてしまう。なにしろ、最初の1カ月で他社の営業マンは漁場からすでに消えているのだ。あとは1人、釣り糸を垂れれば入れ食い状態必至、というわけだ。

この2カ月間、しつこくセールスせず、しかし、忘れられないように定期的に手を変え品を変えたセールスレターを届ければ、「最後の営業マン」として漁場に残れるかもしれない。オートメール、ステップメールはこの顔つなぎのために最適のツールなのだ。

もちろん、商品を購入したお客にお礼のメールを出すこともできるし、「お知り合いをご紹介ください」というお願いもできる。「なんでもご相談ください」「気軽にご用命ください」とメールにあなたの連絡先を入れておく。こういう仕掛けによって最後の営業マンとしてアポが簡単に取れるようになるのだ。

17 ゾンビ復活法
――「かつてのお客」に目を向けろ！

この章のラストに、きわめつけの特効薬をご紹介しておこう。売上が下降気味だったり、スランプに陥ったりしたときに、確実に速効でV字回復できる方法である。

某大手損保に勤務する安田倫夫さん（33歳）は業界の有名人でもある。なにしろ、最年少で支社長になるほどのやり手なのだ。かつて、神戸の支社にいたときなどライバル損保のお客をごっそり引き抜いた。東京転勤が決まった日には、ライバル社の支社長たちが彼のために壮行会を開いてくれた、という人物である。

この彼が支社の売上、営業マンの売上、代理店の売上が落ちてくると、必ず、徹底させることが1つある。それは、各自が新人のときに開拓したお客で、いま、契約が切れている人たちを軒並みセールスするというものだ。

すると、どうなるか？

もちろん、住所不明、転居先不明というお客も少なくない。しかし、確実に7～8割くらいのお客はまだいる。もちろん、他社の契約になっているケースも多い。「車を買い換えたときにテレビで宣伝してる会社のに換えちゃったよ」と言われたりする。だが、このうち何割かは契約を復活してくれるというのだ。

もちろん、これは扱っている商品が会社を超えて割引が効く、という点もメリットになっているかもしれないが、基本的には生命保険も損害保険も、お客にしてみればどこがどれだけメリットがあるかなど実はわかっていない。

いざというときに役立ってこその商品なのだ。ある程度、信頼の置ける会社であればどこでもいいとお客は思っている。

この一度契約が切れたお客を復活させるというテーマはぜひ真剣に取り組んでもらいたい、とわたしは考えている。

かつて、契約切れとなったお客にアンケート調査をしたことがあるが、データを見ると、原因のトップは「自然消滅」なのである。これがいったいなにを意味するかといえば、営業マンが契約更新時に来なかったり、自然と疎遠になって商売が立ち消えになってしまったのである。金の切れ目が縁の切れ目ならぬ、縁の切れ目が金の切れ目となってしまったというわけだ。

お客のほうから断ったわけではなく、営業マンのほうが切ってしまったというのが事実なのである。

この原因についてどう考えるか、と営業マンにチェックすると、「いやぁ、あの会社は他社に乗り換えると聞いてたものですから（営業に行かなかった）」と弁解することしきりである。それでいて、不景気だ、売上があがらない、と嘆くのは実はお門違いの話なのだ、ということがよくわかろう。

ぜひ、いったん消滅した「ゾンビ会社、ゾンビお客」を蘇らせてもらいたい。アポは新規のお客よりもはるかに取りやすいはずである。

新規のお客にアポを取るには挨拶からはじまって、会社の紹介、自己紹介、それからようやく商品の紹介だ。既存のお客ならばもっと手っ取り早くセールスできるはずである。

「去年、お世話になりました○○です。お元気ですか？」

「おぉ、久しぶりだね。もう他者に乗り換えちゃったけど。どうしたの？」

「すみません。わたしのフォローミスで浮気されちゃって。反省してます」

「ダメだよ。新車、買ったばかりなんだから」

「いいんです。次の買い換えのときで。それよりちょっとお願いがあるんです。時間とってもらえませんか?」


お客が買い換えに乗らないとわかれば、ここは深追いせずに知合いを紹介してもらう方向に路線変更する。こういう判断を瞬時にできれば、営業マンとしても一人前である。

第5章

次から次に成功する「アポ取り王」になる9つの習慣

「しつこい営業マン」と「熱心な営業マン」の分かれ目

本章では、「アポ取り王」になるには、営業マンとしてどんな習慣を心がければいいかについて展開しよう。

百発百中のアポ取り名人になりたければ、ほんの少しの意識づけとほんの少しの行動を約束してもらいたい。行動といってもそんなに大げさなものではない。ふだんの生活の中で少し心がけてもらうだけで十分。たったこれだけでアポ取りの結果ががらりと変わるのだから、ここはだまされたと思ってトライしてみてくれまいか（結果が出たらぜひ知らせてもらいたい）。

ところで、アポを取るために何回も電話をかけて、「しつこいヤツだ」とお客に嫌われる営業マンもいれば、逆に、「熱心な人だねぇ」と高く評価される営業マンもいる。このちがいがいったいどこにあるか、おわかりだろうか？

しつこい営業マンは、アポ取り法も一本調子。バリエーションがなくて、いつも同じトーク。お客のほうでも聞き飽きてるから、またかという気持ちでいっぱい。証券会社やマンション販売、投資会社等々からのアポ取り電話にしても、お客からみればトークはどれもこれも同じに聞こえる。だから、「またか！」とすぐに電話を切られてしまうわけだ。

資産家など、しょっちゅう投資の話が舞い込んでくるのだから、「耳が肥えている」のだ。他人と同じことをしていたら十把一絡《じっぱひとから》げにされて切られるのは当たり前。ならば、ここはバリエーションを変えてみようか、と考えてもらいたい。何度やってもダメなときには、真逆の方法でアプローチしてみるのだ。押してもダメなら引いてみろ、というではないか。

先に記したように「N証券の副社長になる○○です」と切り出したらウケて、次々とアポが取れるようになったりするのだ。彼が2億円プレーヤーになれたのも、このアポ取りトークがきっかけだとわたしは確信している。

彼がアポ取りのコツに開眼したように、これから紹介する「アポ取りアップの習慣術」を取り入れてもらえればと願う。

1 お客の問題にアンテナを張っておく

営業マンの仕事はお客の抱える問題を解決することだ。もっと売上がほしい、コストを3割下げたい、従業員にもっと働いてもらいたい、痩せたい、きれいになりたい……、お客によって「問題」は千差万別である。

痩せたいお客に、「これを使うと儲かりますよ」といくら話しても乗ってこない。売上を増やしたい社長に、「こうしたら痩せますよ」なんて話してもすぐに切られる。

なぜなら、お客が抱える問題に響く提案ではないからだ。

ならば、お客の問題に響く提案ができたら、アポ取りは百発百中か？　100％、百発百中である。

ならば、どうすればいいか？

いつもお客と話すときに、この人はどんな問題を抱えているのか、推理小説を読むように想像する習慣をつけておこう。

では、どうやったら想像できるのか？　新聞やテレビをぼんやり見ていてはいけない。ここにアポ取りのヒントがあるのでは、とテーマを掲げて見てもらいたい。脳というのは大変よくできていて、少しでもテーマを掲げていると、その言葉やキーワード、シーンに遭遇すると、勝手に回路が起動し、自動検索装置が働くようにできているのである。

たとえば、「アポ取り、アポ取り」とテーマを掲げているだけで、「今年は13％の採用増！　バブル以来の売り手市場！」という記事を見るや、「都市銀行や商社が学生を囲い込むから、これは中小企業やベンチャーは大変になるぞ。よし、中小企業、ベンチャーに特化して新手の採用広告を提案してみよう」とひらめいたりする。

「もしもし、従業員の採用に悩んでおられませんか？」

「採用どころか、転職者が相次いで困ってるんだよ。採用より引き留め策のほうが緊急だよ」

「（なるほど、そうか）。わたしのほうでは新規採用だけではなく、引き留め防止策もワンパックにした提案をしてるんです。大企業がごっそり囲い込んでる中、どうするか、有効な戦略を提案して経営者の方々に喜んでいただいています」

「どうして、うちに先に持ってこないんだよ」

「ですから、お詫びがてらこれからご提案させていただきます」

「そうか、なら、いますぐ来てくれ」

「はい、すぐに駆けつけます」


記事1枚からイメージするだけでも、このように展開できるのである。

2 断られる前に「宿題」を作って自分のほうから引く

セミナーなどで、アポ取りがうまくいかない営業マンに聞くと、「一度断られた先には電話できないんです」と答える人が少なくない。

では、はっきり断られるよりも、断られないようにし向け、結局、アポを取ってしまうという芸当が考えられないものだろうか。

アポ取りの電話をしていると、「これはアポは無理だな」ということが話しぶりで伝わってくる。ここがわからずに押し切ろうとすると、「今度にしてよ」「時間がないから」とはっきり断られてしまう。このラインがわかる営業マンは「今度にしてよ」「時間がないから」とお客が口に出す前に、自分のほうから引いてしまう。

「ありがとうございました。いまお話いただいたことをベースにわたしなりに青写真を作りたいと思いました。お役立ていただけるだけの自信作ができたら、また電話させてください。その時にはぜひわたしの作品をごらんになってください。お願いします。いまのお話は大変参考になりました。他社でも十分使えるアイデアがたくさんひらめきました。しかし、仁義上、いのいちばんに○○さん（相手の名前）のところにお持ちします。その時は大所高所からのアドバイスをよろしくお願いします」
「そんなに役に立った？　だろうね。社内でもアイデアマンで少しは知られてるんだよ。アポ？　もちろん、ＯＫだよ。ボクも見てみたいね」

このやりとりはわたしが体験した実例である。「急《せ》いては事をし損じる」というではないか。押してもダメなときは引くのである。引くときにはさっと引く。鮮やかにぱっと引く。見切り千両、損切り万両を思い出してもらいたい。

退却は進軍よりもはるかにむずかしい。タイミングは少し早いくらいでちょうどいい。あえて勝手に宿題を作って次回に備える。臥薪嘗胆《がしんしょうたん》、捲土重来《けんどちょうらい》を期す。アポ取りや営業は一発勝負ではない。また、一発勝負にしてはならないのである。

３「アポ取りの日」を決めておく

あなたはいつアポ取りをしているだろうか？

わたしは、毎週月曜日をアポ取りの日と決めていた。月曜日ほどアポ取りにふさわしい日はない。まさにうってつけだと思う。

その理由は、週のはじめだから社内のキーパーソンが在社している率が高いのである。

どんなアポ取り名人でも、お客がいなければなかなかアポは取れない。せっかくアポの電話を入れているのに、「出張中です」「席を外しています」では空振りもいいところだ。

月曜日になぜ役員、部長クラスの在社率が高いかといえば、社長がいるからなのだ。おわかりだろうか、その理屈が。

社長がいるから稟議書等の決裁が下りる。「これはなんだね？」と社長から聞かれることもあるだろうし、下りたらすぐに動きたい。だから、担当役員や部長以下みなが決断を待っている状況なのだ。当然、在社率がグッと上がる。営業マンなら、前週の営業結果についても報告したいし、出張旅費の精算も集中する。こうなると、経理部、人事部、総務部も事務処理が増える月曜日には1人たりとも欠けては困る。だから、全体の在社率がさらに上がる。

中小企業の中には、全体朝会を月曜日にするケースが多い。月曜日に今週の仕事のチェックや修正指示もある。だから、部門ごとに会議も増える。

こう考えれば、月曜日がいかに最高の猟場かということがわかろう。

打率を稼ぎたいなら、「この日はお客がたくさんいる！」という曜日、時間、タイミングを選んだほうが得策だ。

わたしが月曜日、それも9時から12時、1時から2時、4時半から5時半、そして7時以降をポイントにしたのも、この日、この時刻にはお客がいることが経験上わかっていたからである。ぜひ、あなたも科学的根拠に基づいたベストのアポ取り日を探ってみてほしい。

4 「通行人もいずれわたしのお客さん」と心得る

松下幸之助さんがよく言っていたことに、「道行く人もお得意様」という言葉がある。わたしはこの言葉が好きでいまでも座右の銘の1つにしている。

考えてみれば、営業マンは、商品、サービスの前に自分を売る仕事だ。商品以上に自分を愛してもらわなければ話にならない。

人間というのは、あの人はわたしのことが好きだ、嫌いだという匂いには敏感である。嫌いな人からは安くても買いたくないし、好きな人からは高くても買ってあげたくなる。もちろん、アポ取りだって同じである。ということは、営業マンはまず周囲の人に愛されることからはじめなければならないのだ。

「わたしは人脈が少ないんです。だから、紹介アポ取りなんてとてもとても」という人でも、周囲をぐるりと見回してもらいたい。

あなたは生命保険に入っていないだろうか？　車を購入したことは？　住宅を購入したことは？　なじみの飲み屋はない？　親戚や友人、知人は？　奥さんは？　ご主人は？　子どもが通う塾は？　考えてみれば、周囲は「縁」で満たされているのである。こんなに縁があるのに活かそうとしない。

江戸時代、徳川家に仕えた柳生家の家訓にこうある。

「小才は縁に出会って縁に気づかず、中才は縁に気づいて縁を活かさず、大才は袖すりあった縁をも活かす」

わたしが26歳の営業マン時代に勉強会を旗揚げしたのも、小才や中才で止まりたくなかったからである。この世の中で、1人でできることなどたかが知れている。しかし、いろんな人の協力さえあれば、できないことはなにもない。ならば、道行く人にも頼んでみてはどうだろうか？

「生命保険に入りたがってる人、知りませんか？」

「知らないねぇ」

「なら、生命保険に入れたい人はいませんか？」

「それだったら何人かいるなぁ」
「紹介してくれませんか？」
「紹介してもいいけど、あなたはなにしてくれるの？」
「あなたの望みを叶えるべく、頑張ります」

こんな取引が成立するかもしれない。この方法、そんなに悪いことだとは思わない。誤解を恐れずにあえていうけれども、ビジネスパーソンのお礼というのは具体的な形で表現しなければしなかったも同然なのだ。

あなたがいままで契約してきた営業マン全員に連絡して、「中島孝志という人がこんなこと言ってるんで、いますぐ、わたしになにか仕事でお礼を返してください。そうそう、利子はいりませんから」と提案してみればいい。

必ず面白いほうに転がっていくはずだ。だまされたと思ってやってみてほしいな。ダメで元々ではないか。

5 電話の切りぎわに余韻を残す

アポ取りに失敗すると、営業マンの中にはガチャンと電話を切ったり、中には〝捨てゼリフ〟を残す人間までいる。

こういう営業マンを見ると、営業マンの端くれとして悲しくなってしまう。どうせ断られるんだったら、「ごめんなさい。わたしが悪うございました。反省してるからもう一度電話して」とばかりに、うしろからお客が追いかけてくるような断られ方をしてもらいたいと思う。

少なくとも、わたしは営業マン時代、ずっと心がけてきた。いまでも、心根だけは忘れていない。

「ご多用の中、失礼いたしました」

「つたないお話におつきあいいただき感謝します」
「貴重な時間をありがとうございました」

このくらいは必ず最後に添えてもらいたい。

さて、アポ電話にはいくつかのポイントがある。まず、用件は短くさっさと切り上げること。言葉遣いやスピードも相手に合わせること。そして、「プレゼン」「セールス」程度の英語はいいが、「コンピタンシー」「コンセプト」「ニッチ」といったレベル以上の横文字はできるだけ使わないほうがいい。とくに、お客が団塊世代以上だったら絶対に途中で切られること必至だと思う。

言葉遣いを相手に合わせるという真意は、たとえば、お客が「お水」と言っているのに「お冷や」と言い換えたりすることも控えたほうがいい。

もちろん、明るく元気で素直に対応することは言うまでもない。どんなに馬鹿でもネアカの馬鹿は可愛がられる。それが人間だ。

会話中はお客の名前を盛んに入れること。それだけで親しみが湧いてくる。「そうなのよ、そうなの。お客さん、わかってんじゃゃん！」といった砕けたトークをすれば親しんでもらえると勘違いする営業マンはいないとは思うが、念のため。

長嶋茂雄さん（巨人軍終身名誉監督）とはじめて会ったとき、名刺をさりげなく見て、次からわたしに話しかけるときは、「中島さん、中島さん」と名前で呼びかけてくれた。これはあの人流の優しさであり、礼儀なのだと思う。「あなた」「あなた様」「お客さん」「お客様」「社長様」などなど、呼びかけにはいろんな言葉があるけれども、名前で呼ぶことがベストである。

なぜならば、「人間がいちばん愛着を感じる言葉はなにか？」というアンケート調査で、ダントツの1位だったのは「自分の名前」だからである。考えてみれば、生まれたときから名前を呼ばれ、物心つく頃には苗字を呼ばれ、親しい仲ではニックネームで呼ばれる。営業マンがいちばん無難なのは、名前で呼ぶことだ。ビジネスシーンならば、肩書きで呼ぶことだ。

「安倍社長さん」「中島会長さん」と肩書きをつけるにしてもやっぱり名前をプラスして呼びかけたほうがいい。

6 アポが取れた段階で礼状を出す

営業マンは初対面の印象が重要だ。アポ取りの場合は、顔を合わせているわけではないだけに、よけいい、電話口での印象のみで決まるといっていい。

声の大きさ、声質、イントネーションも大切だけれども、明るい性格かどうか、元気かどうか、素直かどうかがものすごく重要なのだ。しかも、これはほんの数秒で正確に伝わってしまうから怖い。

声が大きいだけでも、「この営業マンは頼もしい！」とお客は錯覚してくれるのだ。実際に会ったら、なよなよとした歩き方をしていようが、アポ取りの段階では関所を十分通過できる。まして、お客が期待したとおりの頼もしさだったら、契約もトントン拍子に運ぶし、その後の紹介活動もスムーズだろう。

ところが、最初の印象が薄かったり、暗かったり、ダメだったりすると、これをリカバーするのは並大抵の努力では無理だ。なぜなら、復活戦のチャンスがもう与えられないからである。考えてみればわかるが、一度ダメだと断ったアポを二度、三度繰り返しプレゼンするのはなかなかむずかしい。相手も忙しいのだ。

そこで、一発でアポ取りができないにしても、最悪でも二度目の電話チャンスをもらえること。電話してもきちんと対応してもらえる関係を築けること。これが営業マンにとっては大切なポイントとなる。最後まであきらめてはだめだ。

電話口で印象のいい営業マンはいい。しかし、印象が薄かったり、暗かったりする営業マンはどうしたらいいのだろうか?

結論を言えば、きちんと礼状を書くことだ。

「えっ、そんな簡単なことでいいの?」と拍子抜けするかもしれないが、周囲の営業マンに聞いてみるといい。意外とお客さんに礼状なんて出していない人ばかりのはずである。もし、いたとしたら、その人は確実にアポをものにしていると思う。

人間関係、とくに営業の世界は礼儀にはじまり礼儀に終わるのである。

この人とのアポが絶対に欲しいと考えるなら、手紙や葉書でフォローしてはどうか？

いま、世の中はインターネット時代である。わたしのところにも手紙や葉書ではなく、メールで依頼状や礼状が来るケースが圧倒的である。メールは郵便と違ってスピーディだ。たとえば、面談して5分もするともう受信していたりする。スピーディだけれども、なんと味気ないコミュニケーションなんだろうと感じてしまう。ここは時間差攻撃ともいうべき手紙や葉書のほうが１００倍は効果的なのだ。

だれも気づいていないけれども、礼状は営業マンに成り代わって2回目のセールス効果があるのだ。だから、わたしは業務連絡はメールで、礼状は手紙と葉書を使うように、いまだに区別して使っている。もちろん、直筆がベスト。自分の言葉で語られていればさらにいい。

「律儀に礼状が来たな。意外と丁寧な字を書くんだな」「これは豪快な字だな」

お客は字の印象や文字の形、表現方法からあなたの人間性を汲み取ってくれる。そして、重要なことはこの印象が後々まで引きずってしまうことだ。会う前にいい印象をお客の心に落としてくれる効果があるのだ。

アポのたびに書いてたら大変だ？　営業マンにとってこれは立派な仕事ではないか。礼状1枚で契約が取れたり、アポが取れることを考えたら、こんなにおやすいご用はないはずだ。

営業マン時代、わたしは鞄の中に絵葉書を何枚も入れていた。相田みつをさんの言葉の絵葉書、ハリウッドスターの写真の絵葉書、寅さん映画の絵葉書、風景の絵葉書……顧客のテイストに合わせて絵葉書を選ぶ。いま、お気に入りは「ライフ・イズ・ビューティフル」という映画の絵葉書だ。絵葉書のメリットは、もらった相手が喜ぶだけでなく、スペースが小さいからごちゃごちゃ書かないで済む。1枚当たり30秒もかからない。

それに忘れてならないのは、礼状とは実際に面談し、契約が取れてから書くものではない、ということである。

わたしが心がけたのは、まず、アポが取れた段階で葉書で礼状を届けることだった。

「ご面談のお約束、ありがとうございます。○月○日○時に伺います。真剣に勉強するつもりです。よろしくご指導ください。」

あとは名前と社名、住所、電話番号だけでいい。すると、お客のほうはこう感じるのだ。

「おいおい、もう礼状が来たよ。しかも、アポの時間まで再確認してある。これは漏れのない仕事をする営業マンだな。いったいどんなヤツなんだ?」と楽しみにしてくれるのである。

わたしはいつもこの礼状を必ず出した。ときには、人事部長とのアポに営業部長まで同席していたことがある。

「いや、人事部長から聞いてね。これはうちの営業マンたちにも勉強させたいと思って同席を頼んだんだよ。いいよね?」

「どうぞ、どうぞ」

もちろん、契約が取れたことは言うまでもない。他人と同じことをしているだけでは普通レベルから抜け出せることはない。その他大勢がやっていないことをしてはじめて、頭1つ2つ抜けることができるのである。

7 お客が迷ったら「仮のアポ」にする

アポ取りの電話をしている時、お客が「どうしようかな、アポ入れてあげようかな」と、迷っている息づかいが聞こえることがないだろうか。

お客もいろんなアポが入るのだ。「いま、ここでこの営業マンのアポを入れて、その後、より重要なアポがきたらどうしよう？　困るな」という気持ちが躊躇させるのだ。

こんなとき、わたしは切り換えてこう話すことにしている。

「一応、仮のアポにしておきましょうか？　当日の朝、もう一度電話します。その時にアポがなければ伺うことにします。どうでしょうか？」

「うん、そうしてくれるとありがたいな」

本当は断りたいが、お客の中にははっきり断るのが苦手という性格の人はいるものだ。営業マンとしてもはっきり断られることはできるだけ避けたい。そこで、両者の折衷案として、「では、仮のアポということにして」というわけである。

もちろん、当日、アポがキャンセルされたら困る。では、どうするか?

「会おうかな、どうしようかな」という状態から、「この営業マンと会うだけ会ってみるか」「ぜひ会ってみたい」というように変化させるアクションを起こすのだ。

たとえば、当日までの間に先に記した葉書や手紙を活用して心証を高めておく。

「上司と同行させていただきます」と、切り札を出してもいいだろう。

仮アポを実アポへと転換させる方法を、ぜひ、あなたも考えてもらいたい。

8 断られても次に活かせる情報を入手する

転んでもただでは起きない、七転び八起き。営業マンには大切なマインドだ。

これを具体的にいえばどういうことだろうか。断られても断られても何度もアポ電話を入れることか？　否。それでは居留守を使われるのがオチだろう。

では、どうするか？　アポ取りに失敗したら、次に活かせる情報入手に切り換えるのである。

「ご多用でアポは無理なんですね。わかりました。では、少し教えていただきたいんですが……たとえば、いま、お取引のある金融機関はどちらでしょうか？」

「少し勉強させてください。いま、どちらの通信教育をご活用されてます？」

「いま、どちらの塾に通われてるんですか？」

回答が帰ってこなくともかまわない。これもダメ元でいいのだ。「○○銀行です」「○○教育事業団です」「○○塾です」という情報が入手できればみっけものである。これらの情報をどう活用すればいいか？　何日か空けてから、ちがう人にアポ電話を入れるのだ。

「……です。ご参考までに、○○銀行よりも利率は勉強させていただいてますよ」
「たとえば、○○教育事業団の通信教育も評判がいいようですね。しかし、受講生の声を聞くとこれが逆転してるんですよ。データをお見せしましょうか？」
「最近、○○塾の生徒さんがこちらの塾に移ってくるケースが増えてるんです。おたくはどちらの塾にお通いですか？」

もちろん、事実であることを前提としたアプローチ法であり、嘘やインチキがあったらなんにもならない。ただの誹謗中傷である。嘘とインチキは営業マンの首を絞めることになるから、要注意である。

9 紹介者には、こまめに報告する

くり返しになるが、アポ取りのためには、なんといっても紹介活動がベストである。お客にしてみれば、知人、友人からの紹介ほど強制力のあるものはないからだ。

では、どうすればたくさんのお客から紹介を受けられるかといえば、1つ1つ信用を積み重ねていくしかない。

紹介を受けた人物とのアポが決まったら、即、電話で報告する。面談が終わったら、それも即、報告する。結果がどうであれ、これもまた報告する。つまり、報告にはじまり報告に終わるのである。さらにいえば、途中経過も報告すること。

こまめな報告がなぜ重要か、いちいち説明する必要もないかもしれないが、紹介者同士というのは仲が良い。仲が良いということは、しょっちゅうコミュニケーションをとっていると考えたほうがいいだろう。となれば、次のような話題が出ることは当たり前ではなかろうか？


「そうそう、この前、きみから紹介されたといって若い営業マンが来たよ」

「あっ、そう。で、どうだった？」

「なかなか熱心な人だったね」

「ほう、それで契約したの？」

「まだ決めてないんだけどね。きみのところには報告がないのか？」

「ないね。だれか紹介してほしいというから、きみを紹介したんだけどね。きみとのアポも初耳だよ」

「そりゃ、またいい加減な人間だな」


これではせっかくの紹介が仇になってしまう。もし、報告をまめにしていればどうなるだろうか？

「明日、きみに紹介した例の営業マンが訪問するらしいね？」

「そうなのか?　秘書からはまだ聞いてないけどな」

「いや、彼からアポが取れたと電話があってね。喜んでいたよ」

「まだ契約するとは言ってないけどね」

「まぁ、そういうなよ。熱心な営業マンなんだ。なかなか見所があるよ」

「そうか、まぁ、悪いようにはしないよ。きみの顔を潰したら悪いからな」

「まぁ、よろしく頼むよ」

「わかってる」


早速、紹介者にアポが取れたと報告を入れたんだな。こまめに報告をするのは営業マンの常識だ。この点は合格だな、と評価されるだろう。

なにより、紹介者への信頼を裏切らないことだ。つまり、面談後の印象についての報告、途中経過の報告、成否を問わずに結果を報告するなど、こまめに報告、連絡、相談することが大切なのだ。人は人が喜び、感謝する顔を見るのが好きなのだ。これは損得抜きで楽しいのだ。

こまめに報告するということは、その分、その人とたくさん話しているということだ。人間の距離感は会話時間に比例するのである。話せば話すほど、コミュニケーションを密接にすればするほど、どんどん身内意識へと変わっていくのである。身内意識になれば、もう一心同体。あなたの応援団になってくれるはずだ。次から次へとお客を紹介してくれるはずである。

こういう応援団をたくさん作れば作るほど、あなたのアポ取りはもっと楽に、もっとスムーズにできるようになる。もちろん、成果も鰻《うなぎ》登りである。

第6章

取れたアポを活かしきる初対面の技術

1 話の切り出しは「共通の話題」でツカむ！

ようやくアポが取れた。さて、これから商談だ。いよいよ初対面のお客と会わなくちゃ……この段階で、商談でしどろもどろになりはしないだろうか、と怯《ひる》んでしまう営業マンは少なくないと思う。かくいうわたしがまさにそうだった。

世の中、全員が全員、アポ取りが得意で、商談まで得意で社交的で立て板に水のごとくぺらぺら話せる人ではない。そんな人間はわたしから見れば、宇宙人にしか思えない。わたしなど、元々、先に述べたように電話恐怖症でなるべくズルをして電話に出ないように、せこいけれども涙ぐましい細工をしていたほどである。人見知りで口下手で電話恐怖症で……という人間だったのだ。

だが、そんな人でもアポ取りから商談へとスムーズに進めるとっておきの秘訣がある。わたしの経験ではポイントは２つ。この２つだけをしっかりクリアできればほかはなにもいらない、というほど大切な方法である。

1つは事前に相手のことを調べておく、ということだ。なぜ相手のことを調べるかというと、あなたと共通の話題を探るためである。見ず知らずの人間同士が仲良くなるには話に花を咲かさなければならない。話の花は、共通の話題なのだ。

たとえば、酒場でたまたま隣り合わせに飲んでいた人物が、あなたと同じ町内会であったり、同窓生であったり、遠い故郷が同じだったとしたらどうだろう。いきなり、胸襟を開くのではなかろうか。外国を旅した時、日本人というだけでいきなり話しかけてしまったり、打ち解けてしまったりするのも、共通点があるからだ。これはセールスでもまったく同じで、まずはお客を徹底的に調べて、共通点、共通の話題をリサーチしておくと、話の糸口を見つけやすくなるのである。

そして、2つめのポイントがそのリサーチの方法である。

法人相手ならその会社について新聞や雑誌、インターネットで調査しておけばいい。相手の会社に関係する友人がいるなら、事前に電話をかけてレクチャーを受けてもいいだろう。

「なるほど、いま、そんな新商品を開発しているのか。なら、事前に買って使ってみようかな（その感想をいきなり話せばツカミはOKかもしれないな）」

たぶん、OKだと思う。とにかく、話の端緒になる〝糸口〟を探るためにも情報を仕入れておきたい。

個人相手なら、地域や趣味、子どもの教育、塾情報、財テク情報、ファッション、グルメなどなど、これまた、同僚やインターネット、あるいはタウン誌などで事前にチェックしておく。

「まずはグルメ談義でアイスブレーキングをして……」とシナリオが浮かんでくる。アイスブレーキングとは、初対面ではなかなか打ち解けない、まるで氷のような雰囲気を溶かすような話題を仕掛けることである。

いきなり訪問して、その場で潜在意識の命じるまま話せば商談がまとまる、という天才営業マンはめったにいない。どんな一流営業マンでも、表面上はさりげない様子でいながらも、内心、初対面のお客には必ず緊張しているのだ。「いったいどんな話題を振ろうか……」と熟慮に熟慮し何度も検討して臨んでいるのである。

人間関係は最初が肝心だ。この出会いの一瞬に全力を注いでもらいたい。そのためにも、事前に相手のことをできるだけ調べておくことをお勧めしたいのである。

2 雑談上手になる「話のネタ」の集め方

営業マンでも魅力のない人はたくさんいる。男女を問わず、ダメな営業マンは魅力のない話をしている。

話に魅力がない、話がつまらないという理由は、話の引き出しがあまりないということもあげられよう。魅力的な話のできる人は、話の引き出しをたくさん持っている。しかも人に合わせて、タイミング良く取り出して目の前に見せる。

なんといっても話題や話材が豊富だ。話題とは話のテーマである。話材とは、話のネタである。正確にいえば、話材を使って話題にふさわしい話を展開する、ということになろうか。

話題や話材がたっぷりあると人の気をそらさない。ボクサーがパンチを連打するように、次々とおもしろい話を繰り出してやまなかったり、相手のジャブにうまく呼応してカウンターを出すことだってできる。

では、これらの話題や話材をいったいどこから仕入れているのだろう？　素質だろうか、それとも努力だろうか？　芸人のようにネタ帳でも作っているのだろうか？　話題や話材をたっぷり集めるのは「日々の積み重ね」以外のなにものでもない。たとえば、人と会って話を聞く、本を読む、映画や芝居を観る、音楽を聴く、旅をする、景色を見る……話題や話材など向こうからどんどん飛び込んでくる。

話題や話材の豊富な人は、普段からこの点をほんの少しだけ意識して生きているのだ。

「わたしなんか話題もないし、ボキャ貧だし……」と嘆く必要はない。いまからでも遅くはない。ほんの少し意識するだけであっという間に話題、話材は集まってくるのだ。安心してほしい。

むかしから話材に困ったら、「木戸に立ち掛けせし衣食住（キドニタチカケセシ）」を使え、と言われてきた。すなわち、気候、道楽（趣味）、ニュース、旅、知人（共通の友人）、家庭、健康、姓名（苗字、名前）、仕事、衣食住（「どちらにお住まいですか？」「なにがお好きですか？」「もう衣替えの季節ですね？」など）に関する話題を振ればいいというわけだ。

しかし、これはもう完全に死語かもしれない。よっぽど昔気質の営業マンしか指導していないと思うし、事実、営業関係、話し方関係の類書でも拝見したことがない。それよりも最新情報をたっぷり詰め込んでしまえばいい。

「○○という映画が話題ですね。ごらんになりました？」
「いや、まだだけど」
「あれ、お勧めですよ」

こんな具合に話題のニュースを話す。そこにうんちくやトリビアに類するミニ知識など、プラスαを添える。スポーツでも経済、投資、選挙、芸能でもいい。雑学だろうがなんだろうが、情報はどこかでつながっているのだ。

たとえば、私が主宰する勉強会にはいつも歯科医が一割くらい参加している。最近、歯科医院を舞台にした殺人事件が話題になっていた。そこで雑談として、「歯科医が注目されてるけど、実はお笑い芸人の実家が歯科医というケースが少なくないですね」と言うと、「えっ、ほんとう？　だれ？」と身を乗り出してきた。

「おぎやはぎの小木博明（人力舎所属、森山良子の娘と結婚した芸人）、犬井ヒロシに出雲阿国《いずものおくに》（ともに吉本興業）、それと末高斗夢《すえたかとむ》（ホリプロコム）……」

「へぇ、そんなにいるの？」

こんな下世話な話材でもいいのだ。

話材などどこにでもいっぱい転がっている。ただ、カテゴリー別に頭の中で整理していないから、いざという時に出てこないのだ。

要はあなたの頭の中で未編集情報をシャッフルして種類別に整理しておけばいいということではなかろうか。あとは反射神経で勝負すればいい。これを私は「アドリビリティ（アドリブができる能力のこと）」と呼んでいる。話材を検索し、即、引き出しから取り出す。この作業を続ければいいわけである。

次ページに、注意しておくといい項目として、話材のチェックリストをあげている。チェックリストにしたがって1つ1つ頭の中に放り込んでおこう。

話材のチェックリスト

□仕事の話（とくに失敗談や苦労話がウケる）
□人生の話
□景気、経済の話
□政治の話
□文学の話
□演劇の話
□スポーツ（ゴルフがいちばん！）の話
□会社の話
□芸能界の話
□映画の話
□音楽の話
□グルメの話
□お酒の話

□お金（投資、資産運用、節税）の話
□占いの話（女性のお客はとくにウケる！）
□霊界の話（これは女性にウケる）

これらはあくまでも必要条件であって十分条件ではない。やはり、人生論、経済、政治、国際問題、それに哲学的な真善美の話材は人間を膨らませる意味で重要なのだ。ビジネスオフになると仕事の話を一切しない人も少なくないし、個人客などは健康や投資、美容、旅行などの話に興味を覚えるようだ。こうなると、仕事人間は話にならない。遊びの中に教訓や箴言《しんげん》を求める。仕事の中に哲学や遊びを求める。こういう視点があると話に立派な花が咲くと思う。

3 「笑える話題」を準備する

「笑いをとれなくて……」「話がつまらなくて……」と悩む営業マンは少なくない。

アメリカ人は暇さえあればジョーク探しにいそしんでいるといわれる。

次の例はインターネットで探したもので、先日、披露したら、100人の勉強会が爆笑の渦だった。いわゆる、ドッカンドッカン来たネタである。もちろん、わたしが作ったわけではない。見つけたものをそのまま披露しただけである。しかし、こんな情報でもアイスブレーキングにはなるのである。

次のキャッチフレーズはアイドルがデビューしたとき、所属プロダクションがつけたものだ。これだけでもネタとして十分面白い。

・アグネス・チャン（タレント）「香港から来た真珠」
・井上和香（巨乳タレント）「和製モンロー」
・インリン・オブ・ジョイトイ（グラビアアイドル）「エロ・テロリスト」
・後藤久美子（女優）「国民的美少女」

このあたりはごくごく普通である。ああなるほどな、と思わず頷いてしまう。さて、次からはどうだろう？

・大事MANブラザーズバンド（ミュージシャン）「埼玉のサザン」
・ちあきなおみ（歌手）「苗字がなくて名前が二つ」
・美輪明宏（シャンソン歌手）「神武以来の美少年」
・チャゲ&飛鳥（ミュージシャン）「九州から大型台風上陸」
・TOKIO（ジャニーズ）「ダテに待たせたわけじゃない」
・ピーター（歌手・俳優）「アポロが月から連れてきた少年」
・氷川きよし（歌手）「平成の股旅野郎」

・福山雅治（歌手・俳優）「いなかもんばい」

「埼玉のサザン」とはよくつけたと思う。「アポロが月から連れてきた」とは大きく出たものだ。「いなかもんばい」という発想はどこから来たのか、ネーミングした本人に聞いてみたいところだ。これらの話材はインターネットでいくらでも拾える。

ただし、自分の脳や体験から生まれたものではない。話材はやはり、体験談にまさるものはない。この体験談にしても、あなた自身の体験もあれば、人から直に聞いた体験談もある。「こんなこと聞いたよ」と人から間接的に聞いた体験談もある。

臨場感のある話材の順から述べると、自分の体験、他人からの直の情報、伝聞情報ということになろうか。

①自分の体験

営業マンなら仕事の体験情報はたくさんあるはずだ。成功談、失敗談、どちらも山ほどあるはずだ。

②他人からの直の情報

「幸運は、ある日突然、女神が舞い降りてきて、優しい顔で微笑んでプレゼントするようなものではない。まったく準備していない時に鬼のように厳しい要求を突きつけてくるものなのだ」

高橋がなり氏の言葉だ。AVメーカーのソフト・オン・デマンドの元社長であり、いまや、農業を営む「国立ファーム」の社長である。この言葉は受け売りではなく、会社を何社も潰した果てに成功をつかんだ時に悟った鉄則である。

「なるほどね」と合点してもらえるはずだ。

③伝聞情報

「1000円札ってミツマタ、コウゾで作ってるんです。だから、日本のお札はとっても丈夫。洗濯しても破けない。これがドルとか外国のお金はすぐに破けちゃう。円が強いわけですよ」

うんちくはあまり続くと嫌みに聞こえるかもしれないが、適度にまぶすと勉強になるからありがたい。

4 覚えておけば安心の「マジックフレーズ」

アポ取りを実際にして気づいたことは、お客は優しいということである。けんもほろろとか、途中で切られたりとか、けんか腰のお客はほとんどいないということである。

実は、わたしは電話セールスで、間違って某大手広域暴力団の本部事務所に電話をかけてしまったことがある。それも2回もである。リストの電話番号がそもそも間違っていたのだが、この時でも「おんどりゃ、わりゃ、どこに電話しとるとおもうてけつかんねん！」という荒々しい対応ではなかった。

「おたく、間違ってますよ」

「あんた、また、間違ってまっせ。それ、電話番号、確認したほうがええで」

こんなふうに優しく対応してくれたのだ。当時、抗争事件があちこちで起きていたのに、ずいぶん、落ち着いた対応をしてくれるものだ、とびびりながらも感心したことを覚えている。つまり、たいていのお客はあなたが下手なアポ取り電話をしても、いきなり怒りだしたり、煮て喰おう、焼いて喰おうなどとは思わないのである。

アポ取りはコミュニケーションである。コミュニケーションとは会話であり、会話とは言葉のやりとり、つまり、キャッチボールなのだ。

この意味がわかるだろうか？　ひとことで言えば、あなたが話し終わるまでお客は聞く姿勢をたもたなければならないのだ。話を止めたら、今度はお客が話す番だ。途中で口をはさまずに聞くのがルール。間違っても、「朝まで生テレビ」のように相手の話にどんどんかぶせて勝手に話してはいけないのである。

ということは、話し終わるまでお客にもだれにも邪魔されず、あなたの描いたシナリオ通りに話を展開できる、ということだ。たとえ、しどろもどろのアポ取りトークでもじっと聞いてくれるお客がほとんどだ。安心してアポ取りにいそしんでもらいたい。

もし途中で相手があなたの狙いから脱線したり転覆するような話題に進んだとしても、次の魔法のフレーズを使えばすぐに元の路線にプレイバックすることができる。

「ところで、先ほどの続きですが……（ここから本線につなげる）」

「なるほど、よくわかりました。さて、先ほどの件ですが（ここから本線につなげる）」

「話を戻しますが……（ここから本線につなげる）」

これらのフレーズをはっきりとタイミングよく挟みこめば、「ああ、すまんすまん。それでいつならいいの？」とお客も気づくはずだ。

5 好印象のコツは「聞き役に徹する」

アポは取れたけれども、これから見ず知らずのお客を訪問しなければならない。

「いったいどんな人なんだろう?」と緊張する人は多いと思う。

まして、相手がＶＩＰであればよけいに緊張やストレス、プレッシャーは大きくなるはずだ。

さて、こんなときはどうすればいいのだろうか?

ちょっと発想を変えてもらいたいのだ。先に少し触れたけれども、あなたが詳しいのは商品（サービス）知識である。そして、あなたが売っているのもこの商品（サービス）知識ではないか? 「あなた自身を売る前に商品（サービス）を売る」のが本筋ではないだろうか。

その知識を披露する場になったら、あなたが主導権を取ればいいのであって、経験も知識も社会的ステイタスもすべてあなたよりずっと上のＶＩＰを相手にしたならば、最初から最後まで仕切ろうとせず、相手の話を聞かせていただく、勉強させてもらうという姿勢でいいではないか。

かつて、松下幸之助さんのところに30代そこその若手経営者が訪ねてきたことがあった。その人は雄弁で、１時間の面談中、持論をしゃべりまくったのである。聞き上手な幸之助さんはあの大きな耳でじっと聴き入る。その若手経営者は得意がってさらに滔々《とうとう》と持論を展開する。結局、１時間もの間、幸之助さんはまったく口をはさむことがなかったのである。

彼が帰ったあと、幸之助さんがなんと言ったか？

「もったいないことをしたなぁ」

「経営の神様」と異名をとるほど経験豊富な人と面談できるチャンスに恵まれたのに、なぜ、とことん聞き役になって話を引き出さなかったのだろうか、と幸之助さんは他人ごとながら心底残念がったのである。

わたしは営業マンの姿勢はこれに尽きると考えている。話をするのは、商品（サービス）知識を披露する時だけでいいのだ。あとはお客の話をダンボのように耳を大きくして聞くことだ。聞けば話す。話せば、お客の問題点や狙い、困っていること、欲しいもののヒントが山ほど得られる。

「なにか教えてやろう」「ぐうの音《ね》も出ないように論破してやろう」「頭がいいと思わせてやろう」と考えたら、結局、この時の若手経営者の轍《てつ》を踏むことになってしまうのではなかろうか。

6 「お客様語録」で好かれる営業マンになる！

営業という仕事は、たくさんの人に会う。せっかく会うのだから、1つ、心がけてもらいたいことがあるのだ。

それは「語録」を作ってもらいたいのである。

わたし自身、営業マンの時から続けてきたものだが、どんなビジネスパーソンも仕事のコツ、秘訣、教訓というものを持っている。それは有名人や戦国武将の座右の銘ではなく、彼ら自身が日々の仕事の中で編み出し、考え抜き、そして培ってきたものだ。

それを聞き出してノートや手帳につけてもらいたいのである。これをぜひ習慣としてもらいたい。

いったいどんな効果があるのか？

なにもないかもしれないし、とんでもない宝の山をあなたにプレゼントしてくれるかもしれない。

お客の立場で考えてみよう。仮に、あなたのところに1人の営業マンがセールスにやってきたとする。

商品説明は下手。プレゼンはしどろもどろ。話にならない。しかし、あなたの話は真剣によく聞く人間だ。しかも、メモ帳を取り出してしっかりメモしている。つまり、好奇心と勉強意欲が満々なのだ。

こういう姿勢を見てどう感じるだろうか？　この営業マン、セールスは下手だけれども、育ててやろうかなと思わないだろうか。

「その手帳、ずいぶん使い込んでるね？　さっきからなにメモってるの？」

「これ、わたしの語録集なんですよ。営業という仕事はありがたいことに、毎日、たくさんのお客さんに会います。その時に学んだことをこうして手帳に書き込んでです」

「ほう」

「そして、時間のあるときに読んで吸収して自分のものにしようと思ってるんです」

「それはすごい。きみ、いまはたいしたことないけど、10年続けたらすごいことになってると思う。30年続けたらボクはもう足元にも及ばなくなってるかもしれない」

「そんな、おだてないでください」

「いや、本当だよ。いま、ボクが言ったことを覚えておいてね。必ずそうなってるから。けど、その習慣をやめたら終わりだよ」


実は、これはわたしのことなのだ。相手は超大手流通業の創業者であった。わたしの精進が足りず、残念ながら、彼の期待にはぜんぜん応えられていないけれども、あなたがあの頃（23年前）のわたしと同じように、会った人１人１人から仕事のエッセンスを聞き出して語録として記録し続けたら、やはり、わたしも彼と同じことを言いたいと思う。

その後、勉強していると、なにかの縁である本と出会い、彼が述べていたことがよくわかった。

それには、こんな言葉が書かれていたのである。
「10年偉大なり、20年畏るべし、30年歴史なる」――『易経』

アポ取りとは、勉強のチャンスを作る仕掛けなのだ。人と出会い、仕事と出会ったおかげで、あなたが進化、成長していることを実感した時、アポ取りほど愉《たの》しいものはない、と気づくはずだ。

著者紹介

中島孝志　東京都出身。早稲田大学卒、南カリフォルニア大学大学院修士課程修了。PHP研究所、東洋経済新報社を経て独立。会社経営のかたわら、ジャーナリスト、経営コンサルタント、映画プロデューサー、大学・ビジネススクール講師など多彩な顔を持つ。ビジネスマンの勉強会「キーマンネットワーク」「原理原則研究会」を23年間主宰。
『大人の仕事術 問題解決の「引き出し」』『ランチの行列に並んではいけない』（ともに小社刊）、『仕事の80%は月曜日に終わらせる！』（プレジデント社）、『3カ月で、いっちょまえ！』（経済界）、『あなたの「言い分」はなぜ通らないか』（講談社）など著訳書は160冊を超える。

笑って泣けるビジネス・ブログは超人気！
http://www.keymannet.co.jp

お客《きゃく》が食《く》いつく！　アポ取《と》りトーク術《じゅつ》

2007年6月15日　第1刷

著　　者　中《なか》島《じま》孝《たか》志《し》
発行者　小澤源太郎

責任編集　株式会社 プライム涌光
電話　編集部　03(3203)2850

発行所　株式会社 青春出版社
東京都新宿区若松町12番1号 〒162-0056
振替番号　00190-7-98602
電話　営業部　03(3207)1916

印　刷　堀内印刷　　製　本　誠幸堂

万一、落丁、乱丁がありました節は、お取りかえします。
ISBN978-4-413-03643-6